事例で学ぶ

福祉専門職のための意思決定支援ガイドブック

名川勝・水島俊彦・菊本圭一＝編著
日本相談支援専門員協会＝編集協力

中央法規

はじめに

　2017年3月に「障害福祉サービス等の提供に係る意思決定支援ガイドライン」、2018年3月には「人生の最終段階における医療・ケアの決定プロセスに関するガイドライン」、同年6月には「認知症の人の日常生活・社会生活における意思決定支援ガイドライン」が厚生労働省から示されました。これらのガイドラインに共通していえるのは、対象者の自尊心を高め、人生をより前向きに生きる力を生み出すことが、意思決定支援の目的だととらえていることです。

　相談支援専門員や介護支援専門員などの対人援助職には、これらのガイドラインが示していることを正しく理解し、これまでの実践を検証しながら、これからの実践に役立てていくことが求められています。

　相談支援専門員や介護支援専門員は、利用者（＝障害のある人や高齢者など）の尊い人生の重要なターニングポイント（意思決定場面）に立ち会うことが多く、支援の方法やその結果に多くの悩みを抱えてきました。具体的には、病気や障害により意思の推測しかできない方に対して、「この支援は正しかったのだろうか」「本人の意思を本当に反映したものになっただろうか」など、悩みは尽きませんでした。

　本書は、そうした意思決定支援にかかわる実践者の悩みや困りごとを少しだけ支えたり、支援者のチームが考え方の共有を進めたりするきっかけづくりとするものです。そのため、経験豊富な相談支援専門員や介護支援専門員に事例を提供していただき、研究者、弁護士、ソーシャルワーカーという専門性の違いを武器に、編著者がミーティングを重ねながらまとめ上げました。

　本書の前半では、意思決定支援に関する考え方や理念・原則等を示しています。また、後半では意思決定支援を含んだ実践事例から、それらの考え方を読み取っていただく構成としています。本書に掲載している事例を日頃の実践の参考にしたり、自己の実践と比較検討する材料としたりすることもできます。地域での勉強会や研修会でも、おおいに活用していただけたらと考えています。

　最後に、本書の活用を通じて、多様な生き方や価値を支援することの難しさのなかから、対人援助職としてのやりがいや新たな可能性を見つけていただければ幸いです。本書が、障害のある人や高齢者の希望する生活の実現に向けた取り組みの一助になることを祈念してやみません。

2019年11月

編著者一同

目次

はじめに

序章 「意思決定支援」の考え方

(1) 障害者権利条約第12条と国内法 ……………………………………………… 1
(2) まず「支援付き意思決定」と「代理代行決定」を区別する …………………… 3
(3) 「意思決定支援」に関する三つの原則 …………………………………………… 5
(4) 意思決定の支援の層構造 ………………………………………………………… 9
(5) 意思は実現できるほうが良いが、それ自体が目的ではない ………………… 12
(6) 何が意思決定の支援を阻んでいるか …………………………………………… 13
(7) まとめに代えて …………………………………………………………………… 16

第1章 日常生活と意思決定支援

(1) 「日常生活」に行う意思決定の支援 …………………………………………… 17
(2) 日常生活でのかかわり方
　　―エンパワメントの相とレスキューの相― ………………………………… 18
(3) 日常生活でどのようなことを積み上げるか …………………………………… 21

第2章 国内の意思決定支援に関する動向

(1) 国内の「意思決定支援」ガイドラインの発出 ………………………………… 26
(2) 「意思決定支援」における決定主体とは
　　―支援付き意思決定と代理代行決定の区別について― …………………… 27
(3) 国内の「意思決定支援」ガイドライン同士の関係性について
　　―定義上のずれを意識する― ………………………………………………… 29

第3章 意思決定支援の実践に向けたポイント
プロセスを意識する

(1) 意思決定支援ガイドラインを踏まえた意思決定プロセスの全体像 ………… 33

（2）まずは支援付き意思決定のプロセスから……………………………………………… 35
（3）支援付き意思決定からの移行が検討される場面……………………………………… 39
（4）意思決定能力とアセスメント…………………………………………………………… 41
（5）「意思決定支援」プロセスにおける留意点と今後の課題……………………………… 47

第4章 意思決定支援チームの構築に向けて

（1）チームアプローチにおける阻害要素とファシリテーションの重要性……………… 49
（2）意思決定支援会議のための事前準備方法……………………………………………… 52

第5章 意思決定支援における相談支援専門員や介護支援専門員の役割

（1）公的福祉に偏重したサービス提供の限界……………………………………………… 56
（2）提供すべきサービスの質と量の拡充…………………………………………………… 57
（3）相談者と相談援助職との関係性………………………………………………………… 58
（4）総合相談や基本相談の重要性…………………………………………………………… 58
（5）たとえ話から考える……………………………………………………………………… 60
（6）相談援助職を支援する必要性…………………………………………………………… 63

第6章 事例から考える意思決定支援の実際

Case1 急な生活の変化に戸惑う統合失調症のある淳さんとともに
どこでどう暮らすかを考える……………………………………………………… 65

Case2 一人で暮らすことになった認知症のある桃子さんとともに
今後の住まいについて考える……………………………………………………… 75

Case3 「大好きなアイドルのコンサートに行きたい！」自閉症のある
花子さんとともに意思実現のためのプロジェクトチームを立ち上げる……… 84

Case4 健康状態の悪化から緊急入院した知的障害のある潔さんとともに
退院後の生活を考える……………………………………………………………… 96

Case5 認知症のある佐藤さんとともに
人生の最終段階における自分らしい過ごし方について考える………………… 104

- Case6 長年にわたり家族と暮らしてきた知的障害のある幸夫さんとともに家族と離れた暮らしについて考える……………………………………… 120
- Case7 スナック通いを続ける知的障害のある浩介さんとともにお金の使い道について考える……………………………………… 131

終章 関係資料

- (1) 障害福祉サービス等の提供に係る意思決定支援ガイドライン……………… 146
- (2) 人生の最終段階における医療・ケアの決定プロセスに関するガイドライン……… 156
- (3) 認知症の人の日常生活・社会生活における意思決定支援ガイドライン…………… 158

本書の成果の一部は、以下の助成を受けています。
・JSPS科研費「オーストラリアにおける支援付き意思決定の制度展開と支援モデル開発に関する基礎研究」（研究代表者名川勝、課題番号：18K02100）
・厚生労働科学研究費補助金「障害者の意思決定支援の効果に関する研究」（研究代表者今橋久美子、研究分担者曽根直樹ほか、課題番号：H29-身体・知的-一般-004）

序章 「意思決定支援」の考え方

1　障害者権利条約第12条と国内法

　いわゆる意思決定支援とは、認知症や知的障害などの原因によって十分に意思決定ができない人が、特定の意思決定や選択、希望を他者に表出する際に提供される、さまざまな支援のことです。一時的な意識水準低下や状態異常の場合を除きます。

　意思決定者本人による表出以外の意思決定を上記に準ずる方法として認める場合もありますが、これには多くの議論があります。

　日本のみならず各国で意思決定支援が重要視されるようになった背景の一つとしては、国際連合（以下、国連）の障害者の権利に関する条約（以下、障害者権利条約）を挙げることができます。この条約は、すべての障害のある人がさまざまな場面と立場においてその自由と人権が尊重されることを謳い、各国（締約国）がこれを守るべきことを述べています。ここで提示された基本的な考え方として、いわゆる社会モデルや合理的配慮などがあることはご承知のことと思います。

　また各条文から、障害のある人が自ら選択し、自分の暮らしや生き方を自分でコントロールできる、すなわち自己選択と管理（Choice and Control）が重要視されていることが読み取れるのではないかと思います。このことを踏まえて、意思決定支援に関する第12条を見てみましょう。

　障害者権利条約第12条は、障害のあるすべての人が、法の前に人として平等に権利を有していることを述べています。また法的能力があることや、その権利を行使するために必要な支援にアクセスできるようにすべきであることなどが記されています。第2項の「法的能力」（legal capacity）には基本的な権利能力（human rights）だけでなく法的権利を行使する能力（capacity to act）も含まれていると国連・障害者権利委員会などでは主張しています。すなわち、権利が単に保障されているだけではなく、実際に権利を行使できることまで含めているようです。ただしこの部分の解釈は、国によって開きがあります。

　加えて、第3項の「必要とする支援」にはいわゆる意思決定支援が含まれていること、

表0-1　国連・障害者権利条約

> **第12条　法律の前にひとしく認められる権利**
> 1　締約国は、障害者が全ての場所において法律の前に人として認められる権利を有することを再確認する。
> 2　締約国は、障害者が生活のあらゆる側面において他の者との平等を基礎として法的能力を享有することを認める。
> 3　締約国は、障害者がその法的能力の行使に当たって必要とする支援を利用する機会を提供するための適当な措置をとる。
> 4　締約国は、法的能力の行使に関連する全ての措置において、濫用を防止するための適当かつ効果的な保障を国際人権法に従って定めることを確保する。当該保障は、法的能力の行使に関連する措置が、障害者の権利、意思及び選好を尊重すること、利益相反を生じさせず、及び不当な影響を及ぼさないこと、障害者の状況に応じ、かつ、適合すること、可能な限り短い期間に適用されること並びに権限のある、独立の、かつ、公平な当局又は司法機関による定期的な審査の対象となることを確保するものとする。当該保障は、当該措置が障害者の権利及び利益に及ぼす影響の程度に応じたものとする。
> 5　略

出典　外務省Webサイト「障害者の権利に関する条約」https://www.mofa.go.jp/mofaj/fp/hr_ha/page22_000899.html

表0-2　国連・障害者権利委員会一般的意見第1号（障害者権利条約第12条）

> para21.　著しい努力がなされた後も、個人の意思と選好を決定することが実行可能ではない場合、「意思と選好の最善の解釈」(best interpretation of will and preferences)が「最善の利益」の決定に取ってかわらなければならない。これにより、第12条第4項に従い、個人の権利、意思及び選好が尊重される。「最善の利益」の原則は、成人に関しては、第12条に基づく保護措置ではない。障害のある人による、他の者との平等を基礎とした法的能力の権利の享有を確保するには、「意思と選好」のパラダイムが「最善の利益」のパラダイムに取ってかわらなければならない。

注　原文・下線挿入は筆者
出典　障害保健福祉研究情報システム（DINF）Webサイト「一般的意見第1号（2014年）」（日本障害者リハビリテーション協会仮訳）http://www.dinf.ne.jp/doc/japanese/rights/rightafter/crpd_gc1_2014_article12_0519.html

　また第4項には「権利、意思及び選好」の言葉が記されていることに注目してください。
　実は障害者権利条約の条文中で「最善の利益」という言葉は3回しか使われていません。しかもそれは第7条（障害のある児童）と第23条（家庭及び家族の尊重）のなかで児童（子）の最善の利益を指摘しているだけであって、障害のある成人については使われていません。その代わりに提示されているのが「意思と選好」(will and preferences)に関する原則なのです。第12条が何を大切にしているかがわかるでしょう。この二つがどのように違うのかについては後（序章3項）で述べますので、ここでは障害者権利条約第12条のポイントとして押さえておいてください。
　なお、表0-2は国連・障害者権利委員会が第12条の解釈について説明した文書からの抜粋です。ここでも「最善の利益」ではなく「意思と選好」が強調されていることを併せて確認しておきます。

　さて、日本は障害者権利条約に批准するために、それらの条約を国内でも遵守するための国内法整備を行いました。その結果として障害者基本法をはじめとする関係各法に「意

表 0-3　障害者基本法

> （相談等）
> 第23条　国及び地方公共団体は、障害者の意思決定の支援に配慮しつつ、障害者及びその家族その他の関係者に対する相談業務、成年後見制度その他の障害者の権利利益の保護等のための施策又は制度が、適切に行われ又は広く利用されるようにしなければならない。
> 2　略

思決定支援」という言葉が加わることとなりました。その代表として、ここでは障害者基本法の該当部分のみ挙げます。

このように、障害者に関する基本法に「意思決定支援」という言葉が位置づけられたのですが、このときにはまだ具体的な取り組みのあり方については明らかにされませんでした。そして、意思決定支援と関連の大きい成年後見制度（いわゆる法定後見制度は民法内に規定）では、現在に至るまで意思決定の支援についてなんら言及することがありません。つまり成年後見制度における意思決定支援の意味や関係、どのように行うべきかなどは、公的に定めがあるわけではありません。

現在の法では、成年後見人等が意思決定支援に努めなければならないとされるわけでもありません（学会等関連団体や書籍等ではもちろん指摘されています）。そのため、今のところは関係各領域がそれぞれに意思決定の支援に関するガイドラインを検討、提唱するに至っています。これについては第2章で詳しく説明されていますのでご覧ください。

2　まず「支援付き意思決定」と「代理代行決定」を区別する

本章では、この本において筆者らが「意思決定支援」をどのように考えているかについて説明します。

まず前提として、私たちが「意思決定支援」と言っている言葉の中身は大きく二つに分けられることを説明し、それが曖昧にされることで意思決定支援に混乱が生じやすいことを確認します。

英語を添えたほうがわかりやすいので、英語も一緒に見てください。私たちが日本語でいわゆる「意思決定支援」というとき、それには二つの可能性があります。

① 支援付き意思決定（supported decision-making）
② 代理代行決定（substitute decision-making）

「支援付き意思決定」とは、支援されながら本人が意思決定することです。決定はあくまでも本人が行います。支援者はその人が上手く決定できないところを手伝うというかかわり方です。英語で見ると、意思決定（decision-making）が支援されている（supported；サポーテッド）ということがわかります。

一方、「代理代行決定」とは、本人に成り代わって支援者や周囲の人が決定することです。

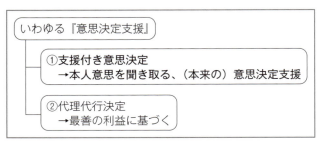

図0-1 「意思決定支援」の混乱

substitute（サブスティチュート）とは「とって代わる」という意味です。法的には「代理」が近いのですが、法的な意味よりも広く、また、法的効力をもたないかかわりも含めて話題にされることが多いので、「支援付き意思決定」と対で挙げられるときは「代理代行決定」が使われるようです。筆者らもそれに従ってこれを使うことにします。

ここであなたがいつも頭に思い浮かべる「意思決定支援」がどちらであるかを考えてください。①「支援付き意思決定」ですか、それとも②「代理代行決定」ですか。

場合によって違うと言う人もいるでしょう。あるいは曖昧でよくわからない人もいるのではないでしょうか。いわゆる「意思決定支援」のややこしさの一つは、この両者をともに「意思決定支援」であるとして、区別せず混乱する人が多いことにあります。さらには、相手の言っている「意思決定支援」と自分の言っている「意思決定支援」が違うことを指しているために、話が嚙み合わず対立し、"だから意思決定支援はわからない"と思う人もいるようです。

確かに包括的に表す言葉としてはほかに適当な手段もないことから、他者の決定に何らかの意味でかかわることを「意思決定支援」だと言ってしまうのかもしれません。しかし、支援する側とされる側の二者間でなされていることは、①と②では全く違います。

①は本人が決めますが、②は他人が決めています。そのため、筆者らは図0-1のように**①「支援付き意思決定」を本来的な意思決定支援であると考え、強調しています**。これは筆者らだけが主張しているのではなく、国内外どの地域でも変わりません。そして、「**まず①「支援付き意思決定」を行い、それができない場合に②「代理代行決定」を行う**」という順序ルールも世界共通です。

ただし国によって、「いつ①から②へ移るのか？」「どの程度②を許すのか？」という点には開きがありますが、いずれにしても「できるだけ①を大きくして②を小さくする」という方向は同じであると考えてよいでしょう。具体的な手順は難しいとしても、このことを常に意識するだけで、あなたの支援は変わっていきます。

実際の日常生活では、「支援付き意思決定（supported decision-making）」ができないならば、そこでは決定を急かさない、決定してもらわない、というかかわり方も十分に考慮されるべきと考えます。必ずしも「決める」ことだけが最良のゴールではありません。

しかしながら、それを困難にしているのは、多くの場合、「どうしても決めてくれないと困る」周囲の都合であることを私たちは厳しく認識しなければならないでしょう。

このように、すぐに決まらないなら何をゴールとすればよいか、またどうしても決定しなければならないときの手続きなどについては、第1章ならびに第2～4章でそれぞれに言及します。

3 「意思決定支援」に関する三つの原則

いわゆる「意思決定支援」の中身が二つあり、「支援付き意思決定」がより本来的であることを前項で述べました。ここではこのかかわり方を支える三つの原則という視点からみていきます。

その3原則とは、「最善の利益」「意思と選好に基づく最善の解釈[1]」「表出された意思」です。

1 最善の利益（best interest）

本人の（特に客観的な）利益を重視して、本人にとっての最善を他者が判断する原則です。いわば"良かれと思って"してあげる決定の考え方であり、"悪いことは言わないから、あなたのためを思って私が決めてあげる"やり方です（表0-4の右列参照）。

本人が意思決定できないと考えたとき、この原則が使われます。本人のために何が大切か、また大局的、一般的に考えたときにどんな選択が良いかを判断基準とします[2]。他人がする決定ですから、前述の「代理代行決定」になります。

この原則は以前からよく使われていましたので、日本ではもっとも浸透しているかもしれません。この原則だけが書かれている本もあります。そのため、「意思決定支援といったら、本人の最善の利益が大切ですよね」と話す支援者に出会うこともあります。

しかし、国連・障害者権利条約（表0-1）や障害者権利委員会一般的意見第1号（表0-2）などを見れば、この原則がすでに重用されていないことはすでに示したとおりです。

---

1 表0-2（一般的意見第1号日本語訳の引用）では「意思と選好の最善の解釈」と表記されています。筆者らは読者への伝わりやすさを考慮し、「～に基づく」を用いています。
2 なお近年では、最善の利益原則に本人が主観的に良いと認める利益を活用する考え方も出てきており、この場合を特に「主観的な最善の利益」と主張することもあるようです（例えば、菅富美枝「民法858条における「本人意思尊重義務」の解釈―本人中心主義に立った成年後見制度の実現―」『名古屋大学法政論集（250）』（2013年）129-153頁）。これはほかの考え方に影響を受けて出てきたと考えられ、ほかの考え方に少し近くなっています。そのため、本書では混乱を避けるために、特に言わない場合は「客観的な最善の利益」を指すこととします。

表0-4 三つの原則

	expressed wish	best interpretation of will and preference	(objective) best interest
和訳（案）	表出された意思、心からの希望	意思と選好に基づく最善の解釈	（客観的な）最善の利益
説明	支援者の傾聴によって表出された本人の内なる意思・希望であり、本人から意図的に表出される意思決定	本人から意図的に表出されたメッセージ（＝意思）と、意図的ではないが本人の選好を明示する諸情報（＝選好）に基づき他者が解釈する、本人の意思決定	特に客観的な本人利益を重視して他者が判断する最善の利益
	【その人が何を言っているか、何を本当に願っているか、何がその人の生きる力になっているか】	【その人のメッセージが何であると解釈できるか】	【その人のために何が利益か、大局的・一般的に考えたら何がその人にとって良いか】
	【What's important *TO ME*】	【What do you think is important *TO HIM / HER*】	【What's important *FOR HIM / HER*】

② 意思と選好に基づく最善の解釈 (best interpretation of will and preference)

表0-2で紹介したように、障害者権利委員会一般的意見第1号で、最善の利益原則にとって代わるとされたのが、「意思と選好に基づく最善の解釈」です。意思（will）とはその人の思うこと、考えることであり、選好（preference）は好き・嫌いです。これについて詳しい説明はあまりないのですが、筆者らは意思＝本人から意図的に出されたメッセージ、また選好＝意図的ではないが本人の好き嫌いを明示する諸情報、と考えています（表0-4の中列参照）。

意図的ではない諸情報というのは、好きなことに思わず笑顔になるとか、好きな人をずっと見つめる、あるいは嫌いな人に身体を固くする、なども含みます。私たちは障害がなくても、あるいはとても重度な障害があっても、その人の好き嫌いを表す情報を意図的・非意図的に出しています。それらをすべて勘案し、その人の意思決定を解釈しようというのが「意思と選好に基づく最善の解釈」です。

解釈ですから本人自身の決定ではありません。しかし、解釈根拠はすべて本人から発信されたものであり、他人が「良かれと思って」判断するのではありません。このような特徴から、言葉などのコミュニケーションが意図的に出されないような重度の障害の人であっても、この原則を用いることが可能です。

なお、このような特徴から、この原則は代理代行決定に属するといえます。ただし、あくまでも本人情報からのみ解釈するという縛りがあるので、次の「表出された意思」原則

に近い性格も持ち合わせています。そのため、三つの原則の中間的な位置づけになります。

③ 表出された意思（expressed wish）

　その人が言ったこと、表出したメッセージをそのまま受け取る、という原則です。障害によりうまく表出できない人にはさまざまな支援によって表出を手伝います。傾聴などの面接スキルが用いられることもあります（表0-4の左列参照）。

　もともとはシェア・ニコルソン（Cher Nicholson）という人が主張しました。この人の実践プログラムは、障害者権利条約に関する実践を紹介するゼロ・プロジェクト（Zero Project）[3]において、意思決定支援に関する効果的な取り組みの一つとして紹介されています。その意味するところは至極当たり前のことであり、他者による選好解釈や最善の利益をいっさい介在させずに本人のメッセージを知ることから始めようという話です。その意味を汲んで「表出された意思」とともに「心からの希望」の和訳もあてておきました。

　なぜこのような、いわば当たり前のことが原則なのかといえば、つまりそれだけこの原則が実際にはおろそかにされがちであり、周囲の人による介入が少なくないと思われるからです。

　加えて、実は私たちも含めて聞かれたらすぐに答えられるような意思や選択を持ち合わせているわけではないということでもあります。ましてや、それまでずっと意見や好き嫌いを聞いてもらえなかったり、他人が慮って手を出していたり、あるいは"そんなの無理だからやめておきなさい"と言われ続けてきた人ならなおさらのことでしょう。この「表出された意思」はシンプルでありながら、そして簡単にみえるからこそ、きちんと行われない原則でもあります。

　ただし「表出された意思」は本人から直接的に表出されたメッセージなので、他人の解釈を挟みません。そのため、意図的な言葉やメッセージ表出のない人については当てはめることができません。

　本人からのメッセージであれば、トーキングエイドでも文字盤、アイポインティングでも絵カードであっても、それが本人から直接的に表出され、一貫して一つのメッセージであることがわかれば構いません。そのため、この原則を当てはめるときには、さまざまな工夫をして本人からのメッセージを受け止める、周囲の努力が強く求められるのです。安易に"この人のメッセージはわからない"としてほかの原則に移らない取り組みが重要です。

　さて、この三つの原則についてその特徴だけを取り出し比較すると、表0-5のようになります。

　まず【境界ア】に着目すると、その違いは「周囲からの意見に基づくか／本人から出る

---

[3] Zero Project Web サイト https://zeroproject.org/

表0-5　三つの原則の相違

expressed wish	best interpretation of will and preference	(objective) best interest
表出された意思、心からの希望	意思と選好に基づく最善の解釈	（客観的な）最善の利益
本人から出る意思・情報		周囲からの意見
本人を優越しない		本人を優越する
意図して表出	意図して／せず表出	境界ア
解釈を許さない	解釈する	

境界イ

意思に基づくか」「本人を優越するか／しないか」にあります。「最善の利益」では、その主たる情報源は周囲からの意見であり、また本人と対立したとき本人を優越することがあります。一方、ほかの2原則では意図的であれ非意図的であれ、本人から出る意思・情報に基づきます。そして、本人を優越することがありません。

次に、【境界イ】に着目して「表出された意思」と「意思と選好に基づく最善の解釈」を比べます。「表出された意思」原則では本人からの意図的なメッセージが取り上げられ、そこに他者解釈が入る余地はありません。一方、「意思と選好に基づく最善の解釈」原則では、意図的な表出も非意図的な表出も取り扱いますので、他者解釈が入ります。

こうしてみると【境界ア】も【境界イ】もはっきりと分けられているようにみえますが、実際には境界にあって曖昧な場合もあります。例えば絵カードのポインティングで本人からメッセージが表出されても、それが不確かではっきりしないこともあるでしょう。その場合はできる限りの工夫をして本人からのメッセージを受け止めるよう努めることになります。

以上のように三つの原則について整理すると、これらには次のような優先順位があることが理解されるでしょう。

「表出された意思」原則
↓
「意思と選好に基づく最善の解釈」原則
↓
「最善の利益」原則

2005年に成立した英国意思決定能力法（以下、MCA）では、まず本人意思による決定を優先させ、その際にあらゆる努力を尽くして本人の意思決定ができるように支援すべきと

しています。そして、それでも困難な場合に初めて最善の利益原則を用いるよう定めています。

国連・障害者権利条約の採択が2006年、発効が2008年ですから、英国法に3原則が含まれないのはやむを得ないでしょう。しかし、法の運用において踏まえられているようです。

また、オーストラリアの連邦法改正委員会（ALRC）が2014年に提出したレポートでは「連邦意思決定モデル」が提唱されており、まさにこの三つの原則とその順序を押さえたモデルとなっています。筆者らもこの順序を遵守した支援への取り組みが重要であると考えています。

原則論について、最後に一つだけ確認しておきます。これらは意思決定の支援を行う際の原則です。つまり意思決定に支援の必要がないときは、この原則を用いずに本人の意思決定が採用されます。意思決定支援の話をすると「支援の不要なとき」を忘れがちですが、しかし、これを意識することが実はとても大切であると思います。

4 意思決定の支援の層構造

ここからは、意思決定の支援の層構造について話をします。

意思決定支援について話をすると、以前は「意思決定支援のためには何をしたらよいですか」と聞かれました。あるいは似ていますが、「では何をすれば意思決定支援といえるのですか」との質問もありました。さすがに最近は質問も違ってきているのですが、では皆さんの思い浮かべる意思決定の支援はどんな行為でしょう。

直接的には選択肢や関連情報の提供などかもしれません。しかし、さらに話し合いを進めると、もっと多くのかかわりが意思決定支援につながっていることを確認することができます。それを図0-2のようにまとめました。この図を「意思決定の支援の層」と呼んでいます。

大きく整理すると、4層のかかわる機会があると筆者らは考えています。上から第1層、第2層、第3層、第4層と名付けます。

① 第1層「個々の意思決定場面に対する支援」

第1層はもっとも直接的であり表層的なかかわりです。通常はこのようなかかわりが求められます。

日常生活のなかでミカンが良いかリンゴが良いか聞かれるかもしれません。ショッピングモールでの行き先や、休日のことかもしれません。あるいは急に決めなければいけないことや、大事なことについて決めなければと話題に上るかもしれません。コミュニケーションが困難な人もいるでしょう。いずれにしても本人に求められるのは、どれに決める

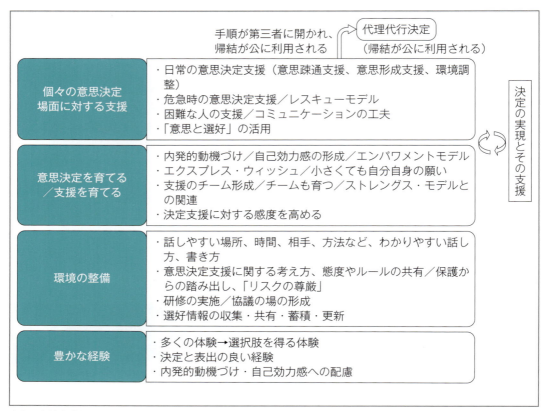

出典　名川勝「意思決定支援と成年後見制度並びにガイドライン（案）」『実践成年後見』64、2016年、36〜44頁を改編

図0-2　意思決定の支援の層

のか、何を選ぶか、の答えです。図の右側には、その際に起こりそうな事態や、使う可能性のある支援方法などの関連用語を書き出しておきました[4]。意思決定支援を「意思疎通支援・意思形成支援・意思実現支援」に構成する考え方がありますが、それに対応させるなら、ここでは必要に応じてそれぞれが行われるものの、時間的な制約を考えればもっぱら意思疎通支援が行われることになるでしょう。

本来はこれに加えて「〜がしたい」「〜が欲しい」を本人が自発的に表出し、その希望に周囲の人が応じる、というやり取りもここに含まれると思われます。しかし現実のいわゆる「意思決定支援」場面では、本人から始まる関係性がとても少ないことが問題であると筆者らは考えます。このことは第1章でも述べます。

② 第2層「意思決定を育てる／支援を育てる」

何をしたいか、どちらが良いかなどは、日々の暮らしのなかで少しずつつくられていくものです。そのため、支援者などは長い時間的スパンのなかでその人の意思決定にかかわ

4　図中のレスキューモデル、エンパワメントモデルについては、第1章で紹介します。

ることが求められます。

　ここで形成されるのは意思決定の内容だけでなく、むしろ重要なのは、「私はこれを決めていいんだ」「私のやりたいことをこの人なら聞いてくれる（実現させるかどうかは別として）」「だから私はこのことについては決められる」という気持ちが周囲との関係性のなかで高まっていくことです（言葉がない人は行動レベルで）。

　ここではそのような気持ちを「自己効力感の形成・向上」と呼んでおきます。自己効力感は、小さくても自分自身の願いをもち、これを支援者が受け止めることで向上します。

　ただし、私たちが支援する人々のなかには、うまく自分の意思や願いを表出できない人もいます。能力の問題だけでなく、今まで聞いてもらう機会がなかったためにどのように言えばよいかわからない人や、言っても流されたり否定されるばかりで言う気持ちを失った人もいるでしょう。

　実際、とても微かなメッセージの人もいました。それまでの生育環境のせいでぶっきらぼうなケンカ腰のような言葉でしか伝えられない人もいました。したがってこの層では、周囲の人の受け止める力や関係性をも高める必要があります。それを「支援を育てる」と書きました。

　この受け止める感度は職場で育てることができます。単独よりも職場全体で取り組むほうが効果は上げやすいでしょう。

　ある研修の受講者のコメントです。「私は意思決定の支援についてよくわかりませんでした。でも研修後に職場へ戻ってみて、今まであまり考えずにやっていた支援のときに、この人は何を考えているのだろう、この人の希望はなんだろうと考えるようになりました。これが大事なのですね」

③ 第3層「環境の整備」

　ここでいう環境にはいくつかの意味があります。

　まず一つめは、MCAの実施指針などにもあるように、意思決定しやすい時間、場所、相手、工夫などを十分に整えることです。支援ツールの活用も求められます。わかりやすい話し方、書き方の配慮も必要でしょう。

　次に、職場内で意思決定支援に関する考え方や態度、手順（プロセス）などについてよく話し合い共有しておくことです。共有できていれば、本人意思の尊重につながりやすくなるし、独りよがりの単独判断やトラブルが起きにくくなります。

　三つめは、研修の実施と協議の場の設置です。協議の場の設置は意思決定支援会議の場でもあり、またもっと簡易で任意な話し合いの場でもあります。

　四つめが、選好情報の収集・共有・蓄積・更新です。「意思と選好に基づく最善の解釈」原則で紹介した選好（preference）は、意思決定の支援が必要になってから急に集めても十分ではありません。普段から収集・共有・蓄積・更新することに意味があります。選好情報は、その人の意思決定に関係のありそうなことだけに限定せず広く集めましょう。選

好は変わるものですし、思わぬ情報が役に立つこともあります。また、その人の好き嫌いを多様に知り、その人を全体として知ることにつながります。

④ 第4層「豊かな経験」

　何をどうしたいかや好き嫌いは、豊かな経験によって育まれます。その意味でも意思決定の支援は時間がかかることを確認しましょう。
　経験の意味は複数あります。
　一つは具体的な選択肢を増やすことです。遊園地やテーマパークでA園とB園のどちらが良いかと聞かれても、行ったことがない場所について選ぶのは難しいですよね。でもときにそれに似たことが行われてしまいます。
　もう一つは、選ぶこと、それを他者に伝えることそのものの経験です。集団での買い物経験は多い知的障害の女性が、施設からグループホームに移ったときのことです。そこでは週末の食事を自分で買ってくることになっていました。近くのスーパーに同居の人と一緒に行ったとき、その人は食事を買えませんでした。買い方とお金の支払い方は知っていたけれど、それまで好きなものを自分で言わず他人に合わせるばかりだったそうです。
　好き嫌いそれ自体も、周囲の人たちがそれを尊重することによって強く豊かになります。このような態度は、日常生活の中で意思決定を育てることにもつながります。

　以上が「意思決定の支援の層」4層でした。冒頭で述べたように、表面的な意思決定の支援としてはどうしても第1層のようなかかわりがイメージされます。しかし、それは氷山の一角のようなものであって、それを活かすためには普段からの第2～4層の取り組みが不可欠です。
　なお補足として、層の周辺に注目してください。「代理代行決定」が図の外側に出ています。つまり第1～4層はいずれも「支援付き意思決定」を念頭に置いています。ただし、ここでの取り組みは、代理代行決定に移る際にもおおいに役に立つでしょう。

5　意思は実現できるほうが良いが、それ自体が目的ではない

　もう一つ、「決定の実現とその支援」がやはり図0-2の右上・外側にあります。いわゆる意思実現支援の位置を示しています。
　その人の欲しい物や、やりたいことを叶えるように支援するのはその人の意思に沿うことですし、意思決定支援に対して促進的に働くと考えます。第2層の育てることにもつながります。また、そもそもやりたいことを聞いておきながら実現を手伝わないのは期待はずれであり、今後は希望を言わなくなるかもしれません。

ただし、意思実現支援は注意が必要です。本来の意思決定支援であると解説した「支援付き意思決定」の考え方の基本は、本人がうまく決められないときに支援し、本人が意思を他者に伝えるようにすることです。その実現は付随要素であって主たる目的ではありません。また、実現支援だけが強調されると、ならば本人の言ったことは何でも実現するのが意思決定支援ですかとの誤解が生じかねません（実際に質問されたことがあります）。

これについては、まずは支援者として本人が言いたいこと、決めたいことを決めて表出できるようにするのが支援付き意思決定だと答えます。そのようにして表出された意思についてあなたが受け入れ難いと考えるか、またそれに対してどうすべきかは、支援者としての職業倫理に基づく問題であり、あるいは本人との葛藤（コンフリクト）の問題であって、意思決定支援とは別の問題でしょう。まずはその人の言いたいことが言えるようにする関係性を保障するのが意思決定支援の目的です。

もう一つ、実現支援というより希望の実現だけが先走りすると、そこに本人の介在がなくなる懸念があるので、併せて注意してください。そうすると本人にとっては、欲しいと言えば手に入るようにみえてしまうかもしれません。これを私たちは「サンタさんモデル」と呼んでいます。

「支援付き意思決定」にとって大切なのは、本人がその決定や選択の主体であることです。海外ではこれをチョイス＆コントロール（choice and control；自己選択と管理）という言葉で表しています。希望して上手くいかないことも含めて本人のものです。それらの結果を本人に返し、一緒に試行錯誤することが、内発的動機づけに基づく自己効力感の向上につながります。

⑥ 何が意思決定の支援を阻んでいるか

支援事例の検討を行うなかで、支援が上手くいかなかったり難しいとされることについて、仮説ではありますが、図0-3として整理しました。図の左側が、報告者から出される問題や難しさの分類です。右側にはそれらに対する解釈など、検討過程で得られた議論や考察、解釈などを並べました。

左側を見ると、阻んでいる問題は大きく二つあるいは三つ程度に分けられることがわかります。上半分（1・2）は、「意思決定者（本人）の意思・希望がわからない」もしくは「意思決定者の意思決定能力があるかどうかわからない」という問題です。

下半分（3）は「意思決定に対する葛藤（コンフリクト）が生じている」という問題です。葛藤は本人と周囲との葛藤（3のa）である場合と、周囲どうしの葛藤（3のb）の場合があります。もう一つ「そんなん忙しくてやってられん、現場では難しくてできん」も書きましたが、これは全く別の問題なのでふれません。

事例によっては複雑だったり複数が絡んでいることもありますが、おおむねどちらかあ

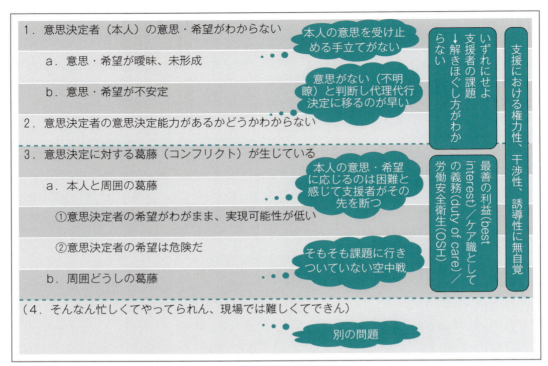

図0-3 何が意思決定の支援を阻んでいるか

るいは両方の問題になるように思われます。そして検討会のなかでは、実はこの葛藤のほうが厄介であるとの声をよく聞きますが、上半分の問題をよく考えていくことで次第に下半分が整理されていくことがあるように思います。下半分のさまざまな葛藤は、意思決定支援の定義のズレや、すでに述べた原則の共有ができていない結果であることも少なくないのですが、上半分の課題である「どのようにかかわれば本人の意思や希望についてやり取りできるか？」「どうすれば選好に関する重要な情報を収集できるか？」などの手立てをはっきりさせて、それらの情報に基づく話し合いを続けることで、検討を先に進めることができるからです。

　これは今のところ経験則であり仮説なので、皆さんも支援に取り組むなかで考えていってほしいと思います。

　さてそうすると、これらの課題の解決手段としては何があるでしょうか。今のところ筆者らは、図0-4のような方法があると考えています。

　この図の左側は先ほどの図0-3と同じですが、右側に対応方略の提案を書き出しています。対応方略はさらに2列に分かれることに留意してください。

　一つは「見つける、整理する、育てる手立て」です。これまで掲げた課題点について、一定の効用があると考えられる方法論です。また、もう一つの方略として「暮らしや地域のなかで広げ育てる手立て」も設けています。個々の意思決定がうまくできるようになったら、それらが地域のなかに展開され維持されることが支援体系としては重要だからです。

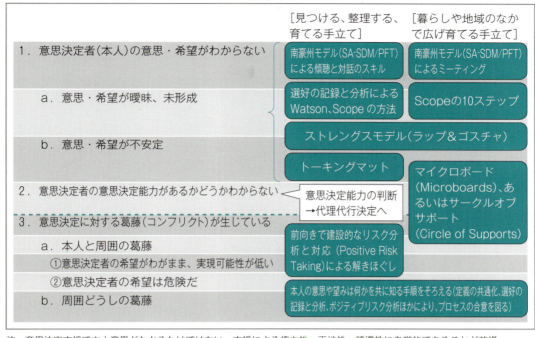

注　意思決定支援で本人意思がわかるわけではない。支援による権力性、干渉性、誘導性に自覚的であることが前提

図 0-4 意思決定支援の課題と、その対応方略

　それぞれの方法論についてここであまり詳しく説明する余裕はありません。改めて別のかたちで紹介する機会をつくりたいと思います。また、これらの方法を適宜組み合わせて研修するプログラムを提供していく予定です[5]。

　一部については、すでにほかの資料や書籍で紹介しています。また本書でも一部言及しています。例えば南オーストラリア州モデル（SA-SDM/PFT）による傾聴と対話のスキルやミーティングのあり方、Scopeによる選好の記録と分析の取り組みについては、日本意思決定支援ネットワーク（SDM-Japan）が紹介を行ってきました。トーキングマット（Talking Mats）は第4章で少しふれられています。

　ラップ＆ゴスチャ（Rapp, C. A. & Goscha, R. J.）によるストレングスモデルは、日本相談支援専門員協会などが普及に努めています。マイクロボード（Microboards）の取り組みや、リスクに対する前向きで建設的なかかわり方（Positive Risk Taking）についてはまだ周知が不十分ですが、今後非常に大切になってくると考えています。ことにリスクに対する考え方や態度の見直しは、保護的態度の強い日本の支援領域において意思決定支援を行おうとするならば、必ず避けては通れないテーマになります。

　図0-4には多くの支援方法を書き出しました。そんなにたくさんのことを学ばなければならないのかと困惑したかもしれません。しかしそれぞれの方法論はかなり似通ってい

5　日本意思決定支援ネットワーク（SDM-Japan）などの媒体を通じて、研修プログラムを提供していく計画です。Webサイト https://sdm-japan.wixsite.com/sdm-japan

たり重なっている部分もあります。つまりそれだけ普遍的であり欠かせないやり方があるということです。

7 まとめに代えて

　この章では、意思決定の支援について基本となる考え方として、本来的な意味での「支援付き意思決定」を中心に据えながら、いわゆる「意思決定支援」について述べました。その背景としての国連・障害者権利条約や障害者基本法にふれたのち、三つの原則を比較しながら説明しました。後半では、実践との関連を意識しながら、「意思決定の支援の層」や「何が意思決定の支援を阻んでいるのか」に関する仮説を提起し、それに取り組むための諸方法があることを紹介しました。個別の方法については、改めて紹介もしくは研修として提供していきます。

　いわゆる意思決定支援という言葉が日本で流布されるようになってきてから、いくらかの時間が経ちました。当初のような困惑と混乱は落ち着いたかにみえますが、その実は本質的な不明があまり解消されないまま、現場ではあまり具体的な取り組みも展開されず、曖昧な認識だけが広まって今に至るようにも思えます。日本という土壌では難しいのかと考えたこともありますが、苦労しているのは海外も同じでした。これから、私たちも取り組みを深めていきたいと思います。

　人が人を支援するときに「この人は何を考えているのだろう」と考えるのは当然のことです。ですから、いわゆる意思決定支援はあらゆる支援の基本にあるし、誰もが行うべき手順でもあります。ところが、あるとき「支援なんてその人のことを何も考えずにできるんですよ」と言われたときには愕然としました。私が今支援している人が何を望んでいるかを軽視するとき、そこに虐待が生まれます。意思決定の支援は、あなたの能力不足によってたとえうまくできないとしても、それを気にかけることが最初の大切な一歩になります。

　意思決定の支援を考えるとき、それは支援としての「私はあなたをお手伝いしたい」ではないと、いつも思います。そうではなく「私はあなたのことを知りたい」と思うことが基本です。

　最近の国内外の実践者の文章や書籍を見ると、「意思決定の支援は時間がかかるものだ」との指摘がみられるようになってきたと思います。ある意味、望ましい傾向だと思います。筆者らも、それらに貢献するべく今後も取り組みたいと思います。

第1章 日常生活と意思決定支援

1 「日常生活」に行う意思決定の支援

　ここでいう「日常生活」の意思決定とは何でしょう。これは、食後にミカンを食べるかリンゴを食べるか、あるいは散歩で次の曲がり角を右に行くか左にするかなどを決めることです。小遣いを使ってお店で何を買うかも日常生活の意思決定です。私たちはこのような決定をふだんとてもたくさん行っています。

　2017年以降に発表された意思決定に関する各種のガイドライン[1]でも、日常生活の意思決定とそうではない決定があるとしており、そこでは日常生活として基本的な生活習慣や活動参加にかかわる行為、つまり食事、衣服の選択、外出、排泄、整容、入浴等基本習慣であるとか、あるいは余暇活動、障害福祉サービスの利用であるとしています[2]。

　なぜこのようなくくり方をするかといえば、日常生活場面とそうでない場面（ここでは非日常的な意思決定場面と呼びます）では、意思決定の意味とその支援のあり方に違いがあるので、両者を同じく一つの「意思決定支援」として取り組むと混乱するからだと筆者らは考えています[3]。

　ではどのように違うのか、考えましょう。

　非日常的な意思決定の機会として挙げられるのは、重要な法律行為、重大な医療行為、

1　「障害福祉サービス等の提供に係る意思決定支援ガイドライン」（2017年3月、厚生労働省社会・援護局障害保健福祉部）、「認知症の人の日常生活・社会生活における意思決定支援ガイドライン」（2018年6月、厚生労働省老健局）、「意思決定支援を踏まえた成年後見人等の事務に関するガイドライン」（2018年3月、大阪意思決定支援研究会）

2　いわゆる法律行為ではないという意味で、事実行為であるという言い方もしています。

3　日本以外では、日常生活を含む意思決定にかかわる成年後見人（guardian）と、財産管理等を行う財産管理人（administrator）が分かれていることが多くなっています。そして例えばオーストラリアでは必ずしも財産管理人のほうが成年後見人よりも強いとは限らないようなのですが、このことについては改めて別稿で取り扱います。

あるいはこれに類する切迫性や緊急性がある意思決定です。そして、日常と非日常の間では、次のようなところに違いが出てきます。
① 今もしくは近々に（どうしても）決めなければならないか？
② 決定者（責任者）は誰か？
③ 決定後の修正可能性はあるか？　その後も継続的にかかわるか？

事故や病気で倒れたなどのときの手術は、時間を限って決めなければならないことが多いでしょう。しかも決定は速やかに手術の実施へとつながり、それはやり直しがききません。また相続などの法律行為も急に発生して期限があり、またその結果がすぐに反映されます。さらに決定者が曖昧であることは許されず、「Aさんは相続放棄をした」などの決定についてその結果を引き受けなければなりません。

一方、日常的な例として、例えば週末の日曜日に映画を見るかどうかを考えます[4]。まだ水曜日なので、すぐに決めなくともよいですし、あるいは忙しくて日曜日ではなく土曜日になることもあるでしょう。少しイヤですが、悪いわけではありません。

また曜日を誰かに決めてもらってもよいでしょう。友だちが行きたいと言っていたので、それで何となく決めてもOKです。そしてずっと迷い続けていたら、もちろんそれで映画は逃すかもしれませんが、「よし、次回は行くことにしよう」と考えられるかもしれませんし、だんだん自分なりの決め方がうまくなってくるかもしれません。

仮に見に行った映画がとてもつまらなかったとしても、次の見たい映画候補を考える役に立ちます（いえ、役立たせます！）。

もちろん日常生活場面でも重大だったり後戻りできない決定はあるのですが、おおむねそのように違いを説明できるでしょう。

2　日常生活でのかかわり方
―エンパワメントの相とレスキューの相―

すでに「意思決定の支援の層」（序章の図0-2）のところで書いたように、私たちのかかわりは個々の意思決定支援場面だけでなく、それを支える多くの取り組みによって育まれるものです。しかし日常生活とそうでない場面があるなかで、いつも同じようにできるわけではありません。緊急時には残念ながらじっくりと取り組めないため、その場でできる最善策をとることになるでしょう。これについては図1-1のように整理しました。

この図に示すように、日常的にはエンパワメントを主としたかかわり合いをしながら、緊急性の高い非日常的な場面では、レスキュー的な対応をするというのが私たちの基本的なかかわり方だと考えます。

4　自発的な決定場面を例としています。そのほうが日常と非日常のギャップが出やすく、後の文脈と一致します。

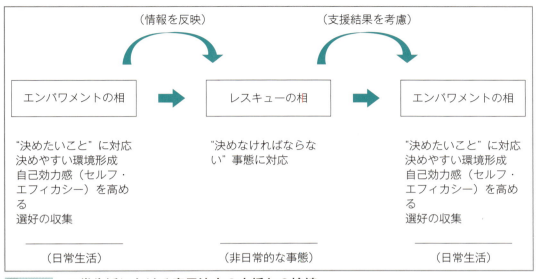

図1-1 日常生活における意思決定の支援との接続

　レスキュー的なかかわり方（レスキューの相）では、非日常的な場面で時間を区切ってどうしても決めなければならないなどの状況になったとき、本人の抱える課題や不適切な生活を改善し、まずは相対的に安定した状態に至らせることを目標とします。

　意思決定に対する支援は、できる限り本人意思の確認や「意思と選好に基づく最善の解釈」に必要な情報の収集に努力しますが、必ずしも十分にはできません。結果、「最善の利益」を尊重もしくは配慮した、代理代行決定に至ることも多いと思われます。

　また、このようなときには、【本人以外から始まる意思決定】が多くなるでしょう。「とにかく決めなくちゃいけないから何とかしましょう」と。

　一方**エンパワメント的なかかわり方（エンパワメントの相）**では、日常生活のなかで差し迫った解決要請ではないため、かかわり方の目標は、本人の意思決定がより高められることに置かれます。本人意思をよりよく表出できるようにし、意思決定に関する自己効力感（セルフ・エフィカシー）を高めるようにします。そして本人が自分で決めるプロセスを拡大しながら、より長期的な目標につなげていくことが大切になります。

　支援原則としては、「表出された意思」や「意思と選好に基づく最善の解釈」を適用します。ここで重要なのは、「自己選択と管理」（チョイス＆コントロール）が高まるようにすることです。序章で説明したような「サンタさんモデル」になることよりもむしろ、意思決定支援のかかわり方を育てることに主眼が置かれます。

　これは本人だけでなく支援者も育つことを促します。そして、このようなことを心がけていれば、自然と【本人から始まる意思決定】が多くなっていると考えます。

　図1-1に戻りますと、通常はエンパワメントの相としてかかわりますが、緊急に決めなければならないときや重大な法律行為などの非日常的な場面では、レスキューの相に移って対応せざるを得ないこともあります。しかし、もしエンパワメントの相で十分に本人の

意思について尊重する取り組みをしていたり、選好に関する情報を収集しておくことができれば、レスキューの相でも有効に取り組むことができるでしょう。

　また、私たちは再びエンパワメントの相に戻りますので、その際に決まったことについてフォローしていかなければなりませんし、混乱してしまった関係性を再び戻すべく取り組む必要があります[5]。

　さて、以上のようにして日常生活における意思決定の支援をみてきたところで、私たちは【本人以外から始まる意思決定】と【本人から始まる意思決定】があることを見出しました。そしてレスキューの相では、どうしても【本人以外から始まる意思決定】が行われがちであるとも述べました。それでは、エンパワメントの相ではたくさんの【本人から始まる意思決定】が行われているでしょうか？

　筆者らはこの点に疑問をもっています。というのは、意思決定支援に関する事例検討を行っていると、そこで課題とされる意思決定は、多くが【本人以外から始まる意思決定】にどう対処するかだからです。

　つまり「本人が意思決定しなければならない事態になっているのだけれど、本人意思がわからないのでどうしたらよいか」などが悩みとして提出されるのですが、「本人がしたいと言っていることについて、私たちがどうかかわるのがよいのだろうか」のようなことを話し合う場面はとても少ないように思います。

　そのような本人希望は、支援者にとって容易なのでしょうか？　読者の皆さんも振り返っていただきたいのですが、私たちも意思決定支援の検討として取り上げることの多くは、「したい意思決定」ではなく「しなければならない意思決定」ではないでしょうか。

　そこであえてこれを、**「意思決定支援事態の多くは、しなければならない他者もしくは周囲からの始発による解決要請事態」**とくくって注意喚起しておきたいと思います。

　意思決定の支援課題として提起されることの多くは、周りの人が決めてほしいと本人に言っていることかもしれません。本人の利益を考えてのことかもしれませんが、周りの都合によって決めてほしいという事態のこともあるでしょう。

　実は私たちも、いつもきれいに決めているわけではありません。うまく決められずに曖昧にしたり、よくわからないままに事態が進行することもあるでしょう。例えば明日、急に引っ越してほしいと言われたとして、私たちも答えられないでしょう。ふだん私たちも、台所が使いにくいなとか、2階できょうだいと住みにくくなったとか、あるいは庭木の手入れをこうしたいなどと考えているにすぎません。そして、それらの集大成として「こんな家に住みたい」ができ上がるのです。

5　レスキュー的な場面では最善の利益原則しか適用できないのかといわれれば、そうではありませんし、できるだけ「表出された意思」や「意思と選好に基づく最善の解釈」が使われるように心がけることが求められています。むしろ難しい場面だからこそ、いっそう手続きが蔑ろにされるべきではないでしょう。そのような取り組みのあり方については、第3〜4章で紹介されますので、参照してください。

突然他人から決めろと言われても、半ば無理やりに決めるしかないのが実際でしょう。ましてや知的障害のある人にとって、急に他人から決めろと言われたことについて、自分に引きつけて整理し、自分の気持ちを確かめて、腹をくくって決めていくなど、かなり難しいことだと言わざるを得ません。

　だからこそ、エンパワメントの相でのかかわりを積み上げていくことが大切になります。

3　日常生活でどのようなことを積み上げるか

　日常生活の大部分をエンパワメントの相であるとして考えたとき、どのようなかかわりと積み上げをしていくのがよいでしょうか。「意思決定の支援の層」(序章の図0－2)でいうと、下の3層、つまり「意思決定を育てる／支援を育てる」「環境の整備」「豊かな経験」に記載されたかかわりを行っていくことになります。

　各層の下位項目については序章で簡単に紹介していますが、ここではそのうち、「選好（プレファレンス）の収集・共有・蓄積・更新」と「自己効力感を高める」ことについて、一つの実践モデルに基づいて紹介します。

① 選好の収集・共有・蓄積・更新を行う（Scope Australia と Watson の実践モデル）

　Scope Australia（以下、Scope）というオーストラリアの障害児者へのサービス提供団体と Watson, J. が 2011 年に発表したワークブックには、意思決定支援の基本枠組みが提唱されています[6]。

　これはもともと意図的なメッセージを表出することが難しい、どちらかというと重度の障害がある人の意思決定を支援するために提案されました。そして Scope はこの基本モデルをさらに一般化しています。ここではまずその最初の枠組みを紹介していきます。

　図1－2が、この基本枠組みです。5つのステップを循環させて支援を進めていくことがわかります。

(1) ともに決定すべき事項を定める（Identify decision together）

　この手順は、本人にとっての決めるべき事項が何なのかを確認し、はっきりさせることです。ここで大切なのは、<u>本人のために</u>（**FOR** the person）ではなく、<u>本人自身にとって</u>（**TO** the person）大切なのは何かを考えることです。「最善の利益」原則ではなく、「表出された意思」の原則に従い、本人がどうしたいかを整理します。

6　Watson, J. & Joseph, R. (2011). Listening to those rarely heard-A Guide for Supporters-(workbook). Scope Australia.

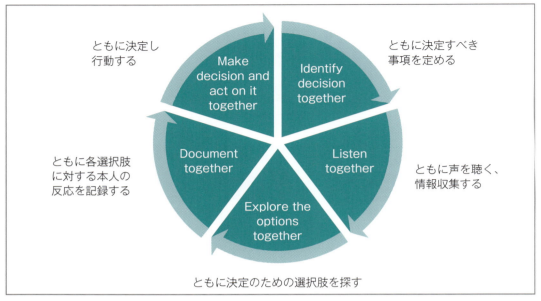

出典　Scope（Watson & Joseph）2011
図1-2　意思決定支援の枠組み

（2）ともに声を聴く、情報収集する（Listen together）

　この手順では、(1)で確認された事項について、必要な情報を集めます。本人と話したり観察したりして、意図的なメッセージだけでなく、「選好（プレファレンス）」に関する情報もできるだけ多く集めます。

　また、本人以外の人からも情報をもらいます。いつもよくかかわっている担当者だけでなく、あまりかかわりのなさそうな人からも興味深い情報が得られることがあります。例えば通園バスの運転手は、支援担当者が思いもよらなかったことを教えてくれるかもしれません。

　そしておわかりのように、この情報収集は急に行ってもあまり効果はありません。ふだんから少しずつ集めます。

（3）ともに決定のための選択肢を探す（Explore the options together）

　本人が決めたり選んだりしやすいように、選択肢（オプション）をいくつか考えます。選択肢は、(2)の手順で集まった「選好（プレファレンス）」などに沿って考えます。

（4）ともに各選択肢に対する本人の反応を記録する（Document together）

　それぞれの選択肢を試しに提供し、本人が好きか嫌いか、どのように反応するかを確かめます。この手順はできるだけ記録をとるとともに、複数人で検討し共有できるようにすることで、独りよがりの判断を避けるようにします。

（5）ともに決定し行動する（Make decision and act on it together）

　(4)で本人が最も好むと解釈された選択肢を本人の決定とします。

念のためにいえば、このモデルによる手順は、自分で「こうしたい」と言える人には当てはまりません。自分で意思や希望を表出できる人は、その人から聞けばよいのであり、(1)～(5)（少なくとも(1)～(3)）をする必要はありません。このモデルは主として「意思と選好に基づく最善の解釈」原則に立っていることを確認しておきます。

　彼らのワークブックでは、例として知的障害のある娘とその母親が引っ越し先を探している話が紹介されています。娘のそれまでの「選好（プレファレンス）」など諸情報の収集により、選択肢は二つに絞られます。一つは街なかのアパート、もう一つは郊外の家でした。

　支援者は娘とまず街なかに出ます。娘はもともと店を見るのは好きでしたから楽しそうだったのですが、横を通り過ぎたトラム（路面電車）の音に耳をふさぎ、顔を背けました。彼女はトラムの音が嫌いだと思われましたが、支援者はこれをビデオに記録し、後から複数人で確認します。ほかの人もほぼこの解釈に同意しました。

　一方で郊外の家についてもじっくりと体験を重ね、さまざまな情報を集めた結果として、やはり郊外の家のほうを彼女は好んでいるとの意見を共有できたため、引っ越し先は郊外となったそうです。この例にかかった期間は書かれてありませんが、おそらくある程度の時間を要していると思われます。

　ワークブックには、選好（プレファレンス）の収集や整理の仕方についても書かれてあります。これらを眺めてわかるのは、このような「意思と選好に基づく最善の解釈」原則による決定の支援の際には、選好や関連情報が用いられること、そしてそれらの【収集・共有・蓄積・更新】が大切であることです。選好などの情報はただ収集されるだけでなく、共有され、蓄積されなければ、独りよがりの支援になりかねません。

　そしてワークブックでも繰り返されているのが、「選好は変わる」という点です。私たちも、どれほどカレーライスが好きだとしても、毎日カレーライスばかり食べたいわけではありません。私たちが支援する人たちについても同様であり、それを比較的長いスパンのなかでじっくりと眺めることで、好き嫌いの有り様を探っていけることは注意すべきでしょう。

　「○○さんの好き嫌い（選好）は？」と聞くと、みんなよく知っている嗜好品や癖などを挙げると思います。いわゆる鉄板ネタです。でもそれがいつもそうなのか、どんなときにどのように出るのか、人や時間によって違いはないか、そして、その鉄板ネタ以外に私たちはその人の好き嫌いを共有できているか、が問われます。

② 「決められる」という気持ちの自己効力感を高めていく

　表1-1は、先の5ステップを一般化して10ステップ版にしたものとして紹介されています[7]。対象は意図的なメッセージを表出できる人も、そうでない人も、ということにな

7　Duffield, L., Koritsas, S., Watson, J. & Hagiliassis, N. (2016).

表1-1　意思決定支援の10ステップ

(1) 行うべき決定を明らかにする
(2) 意思決定のプロセスにほかの人を巻き込む
(3) 関連情報の収集、解釈、吟味について本人を支援する
(4) 選択肢を挙げる
(5) それぞれの選択肢について良い点・悪い点を挙げ、重み付けをする
(6) 選択肢に優先順位をつける
(7) それぞれの選択肢についてどのような帰結になるか説明する
(8) 決定について実施し、フォローする
(9) 決定がその人の暮らしに生かされているか確かめる
(10) 頭の中に全体像（big picture）を描き続ける

出典　Duffield, L., Koritsas, S., Watson, J. & Hagiliassis, N. (2016). Decision-making support for people with cognitive disability: A guide for disability workers. Scope Australia, Melbourne.

りますが、先の5ステップの図1-2とは使い分けることが望ましいと思います。

内容的にはステップ数が五つ増えて細かくなっているだけでなく、質的にも広がっていることがわかるでしょう。

まず、支援のあり方として、本人が決めるのを支援者が手伝うようになっています。知的な障害が軽く、自分で意図的にメッセージを表出できる場合も含まれているからです（もちろんそのときには「表出された希望」原則に基づく本人の表出が第一で、支援者はそれを手助けする役割になります。一方、意図的メッセージが困難な人については、「意思と選好に基づく最善の解釈」原則に移ることになります）。

(2)(3)(4)では、本人の決定に周囲の人を巻き込むことになります。これは本人が選択肢を広げるときに役立つだけでなく、後半にも利いてきます。

(5)(6)(7)では、それぞれの選択肢について、それを選ぶとどんなよいことがあるか、また悪いことがあるかを一緒に考えるとともに、本人にとってどの選択肢が大事と思うかによって重み付けをしていきます。各選択肢の順番を考えるとか、あるいはわかりやすい表にしてノートやホワイトボードに書くとか、好きな選択肢には★（星印）やスマイリー（ニコニコマーク）をたくさん書き添えておくなどの工夫をしてもよいでしょう。本人が選ぶと帰結として将来どうなっていくのかを一緒に話し合うことも、必要に応じて手伝ってください。

(8)(9)(10)は10ステップ版の新しく、かつ重要な部分です。

(8)で実際に本人が決め、それが実際に行われます。支援者はこれを意識して日常生活のなかで広げ、深めてください。例えばお気に入りのラジオが壊れたので、修理するか買い替えるか考えて決めたとします。そのラジオであることが大切だったため、修理を選んで再び聞けるようになりました。そうしたら、周囲の人は本人の決定を認めともに喜びましょう。寿ぐ・祝福する、といってもよいかもしれません。

本人が決めたということ自身を支援現場全体で本人に返していきます。可能ならば似た状況になったとき、また同様に一緒に考えていきましょう。こうして日常生活のなかで「私

が決める」レパートリーが広がるかもしれません。

　さらに大切なのは、「こういうことは私が決められるんだ」という気持ちを本人が強くしていくことです。これが前で述べた「エンパワメントの相」での自己効力感（セルフ・エフィカシー）を高めることにあたります。

　この際には、同時に周りの人・支援者も、ともに学び育つことを意識してください。本人の能力向上としてとらえるだけでなく、意思決定できる支援関係が改善されていくことを現場で共有していきましょう。このことを Scope では螺旋階段的に上昇していく変化イメージとして説明しています。

　なお、このような支援の取り組みに際しては、多くの場合に「本人がそんな危ないことを決めても大丈夫だろうか」などの問題（にみえること）が持ち上がります。これについては序章のなかの「何が意思決定の支援を阻んでいるか」で、葛藤（コンフリクト）やリスクの前向きなとらえ直しの課題として少し記述しましたので、併せてごらんください。

　以上、意思決定の支援について、日常生活の場面とそうでない場面の整理について紹介し、日常生活場面での支援的なかかわり方について考えてきました[8]。国内外のいろいろな文献や実践提案をみてもこのところみられるようになってきた主張の一つとして、「意思決定の支援は時間がかかる」というポイントがあります。なぜ、どのように時間がかかるのか（かければよいのか）については、支援のモデルなどを示して説明しました。しかし、社会生活のなかでは「決めたいこと」ではなく「決めなければならない」ことが多いのも確かです。日常生活を支援する現場にいる人は、本人が「決めたいこと」と「決めなければならないこと」の支援を区別し、「決めなければならないこと」の支援だけで意思決定支援したと思わないように心がけていただきたいと思います。

8　日常生活場面ではないとき、レスキューの相での支援については、第2章以降で述べています。

国内の意思決定支援に関する動向

1　国内の「意思決定支援」ガイドラインの発出

　2017 年以降、意思決定支援に関するさまざまなガイドラインが発出されています。2019 年 10 月現在、厚生労働省からは、**障害福祉サービス等の提供に係る意思決定支援ガイドライン**[1]（2017 年 3 月、厚生労働省社会・援護局障害保健福祉部、以下、本ガイドライン）、**人生の最終段階における医療・ケアの決定プロセスに関するガイドライン**[2]（2018 年 3 月、厚生労働省医政局）、**認知症の人の日常生活・社会生活における意思決定支援ガイドライン**[3]（2018 年 6 月、厚生労働省老健局）の 3 つが公開されています。また、成年後見制度の分野においては、**意思決定支援を踏まえた成年後見人等の事務に関するガイドライン**[4]（2018 年 3 月、大阪意思決定支援研究会）や**成年後見人等の意思決定支援に関するガイドライン**[5]（2019 年 9 月、岡山意思決定支援プロジェクトチーム）も存在しています。

　これらのガイドラインと並行して、2017 年 3 月に閣議決定された成年後見制度利用促進基本計画に基づき、最高裁判所は、本人の意思決定能力に着目した新しい診断書様式や福祉専門職による作成が期待される「**本人情報シート**」を開発し、2019 年 4 月から正式に運用が開始されました[6]。さらに、**身寄りがない人の入院及び医療に係る意思決定が困難な人への支援に関するガイドライン**[7]（2019 年 6 月、厚生労働省医政局総務課）なども発出

1　本書の終章参照
2　同上
3　1 と同
4　大阪弁護士会 Web サイト https://www.osakaben.or.jp/info/2018/2018_0510.php
5　岡山弁護士会 Web サイト http://www.okaben.or.jp/seinen_guideline.html
6　裁判所 Web サイト「成年後見制度における鑑定書・診断書作成の手引」http://www.courts.go.jp/saiban/syurui_kazi/kazi_09_02/index.html
7　厚生労働省 Web サイト https://www.mhlw.go.jp/stf/seisakunitsuite/bunya/kenkou_iryou/iryou/miyorinonaihitohenotaiou.html

されるなど、国の意思決定支援ガイドラインを踏まえ、より具体的な事案に焦点を当てたガイドラインも誕生しています。このように、ここ数年のわが国の意思決定支援に関する状況の変化は目まぐるしいものがあります。

　意思決定支援ガイドラインの趣旨を理解し実務で活かすためには、ガイドラインの考え方や個別の支援スキルなどを修得するための適切な研修が必須といえるでしょう。例えば、本ガイドラインや認知症の人の日常生活・社会生活における意思決定支援ガイドラインについては、2018年度にモデル研修開発のための研究事業が行われ[8][9]、これらの研究結果に基づき、各ガイドラインの普及啓発が進められようとしています。

　なお、こうしたガイドライン研修の実施については一部国の予算も活用可能です。例えば、本ガイドラインのモデル研修は、厚生労働省主管課長により、「障害者の意思確認などを行う際にも有効であることから、成年後見制度普及啓発事業として実施する研修等においても積極的に活用し、研修の充実に努めていただきたい」旨の言及がなされています[10]。本研修の標準カリキュラムは1日コースとなっており、意思決定支援の必要性に気づくためのセッションや意思決定支援の概念整理、映像で学ぶ意思決定支援会議の運営手法、本人の選好や価値観を収集するための記録ツール（トーキングマット、Scope）等の紹介が含まれています。

2　「意思決定支援」における決定主体とは
―支援付き意思決定と代理代行決定の区別について―

　国内の各「意思決定支援」ガイドラインの内容を見てみると、2005年に成立した**英国意思決定能力法**（以下、MCA）における五大原則やわが国が2014年に批准した**障害者の権利に関する条約**（障害者権利条約）の影響を受けて作成されているようです。そこで、まずMCAがどのように「意思決定支援」を規定しているのか確認しておきましょう[11]。

　第1に、MCAでは、人は誰でも**意思決定能力**[12]があると推定しなければならないと規

8　曽根直樹ほか「分担研究報告書―意思決定支援ガイドラインを活用した研修プログラム及び研修テキストの作成と、研修前後の受講者の意思決定支援に関する認識の変化の検証に関する研究―」（厚生労働科学研究費補助金　疾病・障害対策研究分野　障害者政策総合研究、厚生労働科学研究成果データベース、2019年8月）https://mhlw-grants.niph.go.jp/niph/search/NIDD00.do?resrchNum=201817008A

9　認知症の人の意思決定支援のあり方に関する研究事業委員会編「報告書」（2018年度老人保健健康増進等事業、中京大学Webサイト、2019年3月）https://www.chukyo-u.ac.jp/research_2/news/2019/03/013612.html

10　2019年3月7日実施厚生労働省主管課長会議(4)障害福祉課／地域生活支援推進室／障害児・発達障害者支援室、資料2

11　MCAについてより理解を深めたい場合には、菅富美枝『イギリス成年後見制度にみる自律支援の法理―ベスト・インタレストを追求する社会へ』（ミネルヴァ書房、2010年）等を参照してください。

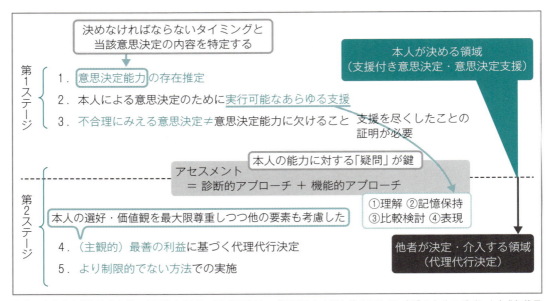

出典　水島俊彦「精神障害者の意思決定支援と成年後見制度～「意思決定支援」ガイドライン実践のためのポイント」成年後見制度における精神障害者の意思決定支援に関するシンポジウム報告書（2018年度日本財団助成事業、2019年3月、公益社団法人日本精神保健福祉士協会）5頁を一部改変

図2-1　支援付き意思決定から代理代行決定への一連のプロセスを示すMCAの「五大原則」

定されています。これは、個々の意思決定について、意思決定能力に欠けることを「証拠」をもって証明しない限り、本人には自分で意思を決める能力があるとされ、第三者が本人に代わって決定を行うことは許されない、ということを意味します。

　第2に、人は、意思を決めなければならない場面までに、あらゆる実行可能な支援を尽くされたうえでも意思決定することができなかった場合でない限り、意思決定能力を欠くとは評価されないと規定されています。この「あらゆる実行可能な支援」が行われたかどうか（そしてその支援が行われた事実を客観的な証拠として提示できるか）が意思決定能力の推定を覆し得る証拠となっています。

　第3に、第三者からみて不合理にみえる意思決定を本人が行っただけでは意思決定能力を欠くことは評価されないと規定されています。本人が自らの価値判断においてリスクある意思決定をする自由が保障されているのです。

　序章でも述べられていますが、前記第1から第3の原則が「**支援付き意思決定（supported decision-making）**」の原則と考えられます。あくまでも**意思決定の主体は本人**であり、周囲の支援者は本人による意思決定を支援するための存在であることが徹底されています。他方、本人の意思決定能力のアセスメントの結果、同能力に欠けると評価された場合には次のステージに移ります。第4に、この場合には本人にとっての最善の利益に基づい

12　MCAにおける意思決定能力とは、ある特定の意思決定が必要とされる場面において自ら決めることのできる能力と解釈されており、法的行為のみならず事実行為を含むものとされています。

て本人に代わって意思決定を行うと規定されています。第5に、本人に代わって意思決定を行うにあたっては、本人の権利や行動の自由に対するより制限的でない選択肢がないか検討しなければならないと規定されています。

前記第4・5の原則は、**第三者（本人以外の他者）が法的ないし事実上の決定主体**であり、本人に代わって意思決定を行う「**代理代行決定（substituted decision-making）**」の原則と考えられます。代理代行決定は、時には本人の意に反する決定がなされる可能性もあり、権利濫用のリスクが高いとされています。そこで、MCAでは、長期の居住先の移転や重大な医療など一定の重要な内容を含む代理代行決定を実施する前に、意思決定能力アセスメントの実施やIMCA（イムカ）という法定のアドボケイトによる本人の意向・心情・価値観の調査や代弁活動が法律上、要求されています。さらに、やむを得ず代理代行決定が許容されるとしても、それが本人の価値観や信条などの主観面を十分に考慮した本人にとっての最善の利益（「主観的最善の利益」とも呼称されます）に基づくものであり、かつ、より制限的でない手段によって実施されなければならないとされています。あくまでも本来の決定主体は本人であり、第三者による代理代行決定は最後の手段であるという制度設計となっています。

わが国に存在する各種「意思決定支援」ガイドラインは、支援付き意思決定をもっぱら対象とするものと、支援付き意思決定と代理代行決定双方を含むものに分かれているため、「意思決定支援」の定義づけがそれぞれ異なることに注意して読み解いていく必要があると考えられます。

3　国内の「意思決定支援」ガイドライン同士の関係性について—定義上のずれを意識する—

では、このような支援付き意思決定と代理代行決定の原則は、国内のガイドラインにどのように反映されているのでしょうか。国内のガイドラインのなかでは最も早く発出された**障害福祉サービス等の提供に係る意思決定支援ガイドライン**から紹介します。本ガイドラインでは、「意思決定支援」について、自ら意思を決定することに困難を抱える障害者に対し、事業所の職員等が、「定義①：可能な限り本人が自ら意思決定できるように支援をする。（①が難しい場合でも）定義②：本人の意思の確認あるいは意思及び選好を推定する。支援を尽くしても本人の意思及び選好の推定が困難な場合には、定義③：最後の手段として、本人の最善の利益を検討する」行為および仕組みと定義づけています（定義①から③の注記については筆者が追記）。この点、特に定義③においては、他者決定、すなわち代理代行決定の領域にも踏み込んでいるように解されます。したがって、本ガイドラインにおける「意思決定支援」の定義は、さきほど述べた支援付き意思決定と代理代行決定の双方を併せもつ概念（本章では、カギ括弧つきの**「意思決定支援」**と呼称しています）となっており、国際的な意思決定支援の定義づけとは異なっているように思われます。もっとも、

MCAの支援プロセスを意識しつつも、代理代行決定に移る前に、障害者権利委員会の一般的意見において、代理代行決定にとって代わる概念として推奨されている「**意思と選好に基づく最善の解釈**（best interpretation of will and preferences）」の発想も取り入れている点が特徴といえるでしょう。支援付き意思決定、意思と選好に基づく最善の解釈、代理代行決定それぞれの概念整理や支援者の立ち位置（本人の表出された意思・心からの希望に沿う支援と最善の利益に基づく支援）に関する解説については序章にて詳述していますので、参考にしてください。

　本ガイドラインが発出されてから約1年後、**認知症の人の日常生活・社会生活における意思決定支援ガイドライン**が発出されました。このガイドラインでは意思決定支援の定義を「認知症の人の意思決定をプロセスとして支援するもので、そのプロセスは、❶意思形成支援：本人が意思を形成することの支援と、❷意思表明支援：本人が意思を表明することの支援を中心とし、❸意思実現支援：本人が意思を実現するための支援を含む」ものとしています。先ほどの本ガイドラインの定義①に着目し、その内容を整理しつつ、MCAや障害者権利条約の文脈で理解されている意思決定支援、すなわち支援付き意思決定の概念に合わせて定義づけているものといえるでしょう。さらに特徴的なのは「ただし…本ガイドラインは意思決定能力が欠けている場合の「代理代行決定」のルールを示すものではない」とも記載されている点です。これは、本ガイドラインが規定する定義③のような代理代行決定プロセスについては踏み込まないことを明言しているものであり、この点で同ガイドラインは支援付き意思決定に特化した意思決定支援ガイドラインということができるのではないでしょうか[13]。

　図2-2は、支援付き意思決定と代理代行決定の軸と意思決定の内容・場面の軸に対し、各種ガイドラインが対象とする領域を当てはめてみたものです。まず、MCAに関しては、意思決定支援が行われるべき場面を「意思決定がまさに必要とされる場面」に限定し、その場面において支援者は実行可能なあらゆる意思決定支援を行うべきものとされています。また、本人の意思決定が困難な状況と考えられるときは、意思決定能力アセスメントを行い、支援者による意思決定支援が十分尽くされてもなお本人が意思決定できないかが吟味されます。そして、特定の行為について本人の意思決定能力が欠けると判断された場合には、代理代行決定の領域に移行することが検討されます。MCAの対象とする意思決定の内容は、日々発生するものから人生における重大な局面、医療に関する決定まで、図2-2のとおり広範囲の意思決定をカバーしています。

　他方で、**認知症の人の日常生活・社会生活における意思決定支援ガイドライン**は、他者決定（代理代行決定）の領域を基本的に対象としておらず、支援付き意思決定に焦点を当

13　このように意思決定支援を代理代行決定と分けて理解するような考え方は、大阪意思決定支援研究会作成の「意思決定支援を踏まえた成年後見人等の事務に関するガイドライン」にもみられています。同ガイドラインでは、本人の意思決定能力が欠けている場合の、最後の手段としての後見人等による代行決定に関しては、「意思決定支援と区別される概念」であるとしています。

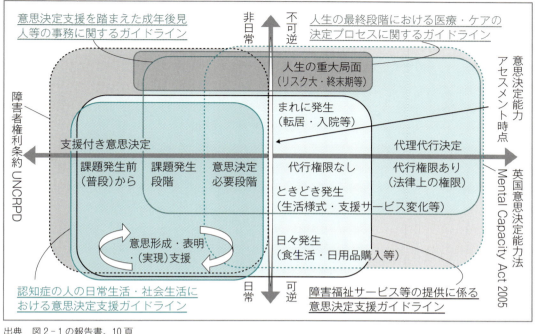

出典 図2-1の報告書、10頁

図2-2 各種ガイドラインの対象領域の違いに関するイメージ図（TMver.3）

ています。しかも、支援の開始時点としては、意思決定がまさに必要とされる場面よりも前、すなわち日常生活の場面から意思決定支援を行っていくことが期待されています。これは、全ての人が平等に意思決定の機会を得ていくためには、長期的な視点で本人の意思決定の能力を育んでいき、かつ、意思の変化を見守っていく支援者側の成長も必要という視点に基づく発想であり、障害者権利条約におけるチョイス・アンド・コントロール（自らの選択の積み重ねによって自己の人生をコントロールできているという実感をもてるような社会のあり方を目指すこと）の理念を意識しているものと感じられます。

また、**意思決定支援を踏まえた成年後見人等の事務に関するガイドライン**は、成年後見人等という権限をもつ者にとってのガイドラインであることから、支援付き意思決定の領域のみならず代理代行決定の領域を扱っています。それゆえ「後見人等の意思決定支援ガイドライン」ではなく「意思決定支援を踏まえた後見人等の事務に関するガイドライン」となっていることに注意しましょう。同ガイドラインでは、成年後見人は、日常の意思決定の場面では直接の支援者が意思決定支援を適切に行っているかを見守るという関与にとどめつつ、一定の重要な意思決定に関する課題が発生した場面ではMCAのように、意思決定がまさに求められている場面よりもやや前から積極的にかかわっていくことが期待されています。

最後に、**人生の最終段階における医療・ケアの決定プロセスに関するガイドライン**は、意思決定支援の定義を明確に設けてはいないものの、①医療従事者から適切な情報の提供と説明がなされ、本人と医療・ケアチームとの合意形成に向けた十分な話し合いを踏まえ

た本人による意思決定を基本とし、②本人の意思確認が困難な場合は、家族等が本人の意思を推定できる場合には本人の推定意思を尊重し、③意思を推定することが困難な場合には、何が本人にとって最善であるかを家族等と協議し、最善の方針をとることとなっています。本ガイドラインとは対象となる意思決定内容こそ異なるものの、全体としては、本ガイドラインの「意思決定支援」プロセスと類似するものと解されます。

第3章 意思決定支援の実践に向けたポイント
プロセスを意識する

1 意思決定支援ガイドラインを踏まえた意思決定プロセスの全体像

　序章および第2章では、意思決定の主体が支援付き意思決定（本人）と代理代行決定（他者）では異なること、まずは支援付き意思決定のための支援が優先され、代理代行決定は最後の手段と位置付けられていること、国内の「意思決定支援」ガイドラインは英国意思決定能力法（以下、MCA）と障害者権利条約の両方を参照しながらつくられていることなどを学びました。

　では、支援付き意思決定、代理代行決定、それぞれの段階において、どのような原則を背景とした実践が求められているのでしょうか。国内の「意思決定支援」ガイドラインの動向を踏まえた「意思決定プロセスの全体像」（図3-1）から俯瞰していきましょう。

　国内の「意思決定支援」ガイドラインの構造は、第2章でも示したMCAの五大原則と類似するものとなっています。ただし、例えば、意思決定能力を本人の個別能力と支援者の支援力の総体として位置づけている点[1]や、支援付き意思決定が困難な状態と考えられる場合でも、ただちに代理代行決定に移行するのではなく、本人の意思推定、すなわち本人の意思と選好に基づく最善の解釈を試みるといった点[2]は、障害者権利条約の影響を一定程度受けて変化しているものと考えられます。

　他方で、意思決定支援における課題が生じた場合に行われる意思決定能力アセスメントの場面においては、意思決定の前提となる①理解、②記憶保持、③比較検討、④表現の各要素を本人が満たすことができるよう支援を尽くすというMCAにおける機能的アプローチの考え方を基本としながらも[3]、近年の議論を踏まえて、「本人にとって見過ごすこと

1　認知症の人の日常生活・社会生活における意思決定支援ガイドライン（厚生労働省老健局、2018年6月）4頁脚注ix

2　障害福祉サービス等の提供に係る意思決定支援ガイドライン（厚生労働省社会・援護局障害保健福祉部、2017年3月）5頁

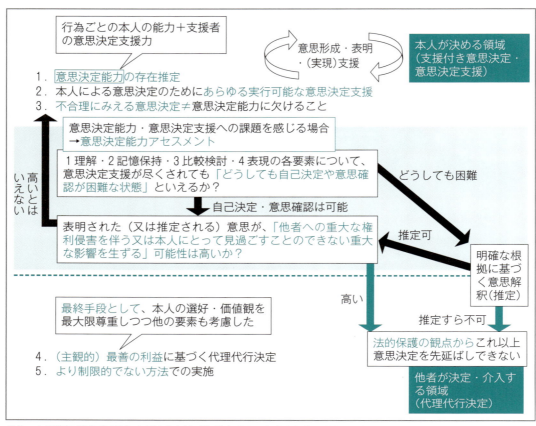

出典　水島俊彦「【基礎研修】意思決定支援（基礎）」令和元年度成年後見制度利用促進体制整備研修（2019年10月29日・TOC有明）における使用スライドを一部改変

図3-1　国内の意思決定支援ガイドラインの動向を踏まえた意思決定プロセスの全体像

ができない重大な影響が生じる場合」等にはおのずから支援者が行う意思決定支援にも限界があることを示唆する内容となっています[4]。

　いずれの「意思決定支援」ガイドラインにおいても共通している考え方は、**意思決定の中心には常に本人が位置づけられるべきであり、本人に代わって他者が決定するという代理代行決定のアプローチは、最後の手段であるとされていること**です。このような考え方は、介護・福祉・医療・司法分野におけるこれまでの意思決定のあり方に大きな一石を投じるものといえましょう。ガイドラインを適切に理解し、各自が実践に移していくことは、「**私たちの事を私たち抜きで決めないで（Nothing About us without us）**」を合言葉に世界中の障害当事者が関与して作成された障害者権利条約を履行し、障害者権利委員会が求める「代理代行決定から支援付き意思決定への転換」を図るための第一歩に繋がっていくものと考えられます。

3　前掲1（4頁本文）、意思決定支援を踏まえた成年後見人等の事務に関するガイドライン（大阪意思決定支援研究会、2018年3月）13頁

4　前掲1（3頁本文、脚注ⅷ）

2 まずは支援付き意思決定のプロセスから

① 認知症の人の意思決定支援ガイドラインから読み解く支援付き意思決定のプロセス

　ここからは、各ガイドラインを参照しながら、「意思決定支援」のプロセスとその実践のあり方を学んでいきましょう。

　障害福祉サービス等の提供に係る意思決定支援ガイドライン（以下、本ガイドライン）においては、意思決定支援が必要な場面を日常生活における場面（食事、衣服の選択、外出、排せつ、整容、入浴等基本的生活習慣に関する場面のほか、複数用意された余暇活動プログラムへの参加を選ぶ等の場面）と社会生活における場面（自宅からグループホームや入所施設等に住まいの場を移す場面や、入所施設から地域移行してグループホームに住まいを替えたり、グループホームの生活から一人暮らしを選ぶ場面等）とに分け、自己決定の尊重を基本原則として支援にあたっていくべきことが記されています。しかしながら、支援付き意思決定の場面における具体的な支援方法については必ずしも明確に記述されているわけではありません。

　そこで、支援付き意思決定の場面に焦点を置いてつくられている**認知症の人の日常生活・社会生活における意思決定支援ガイドライン**（以下、認知症の人の意思決定支援ガイドライン）を参照しながら、ポイントを解説していくことにしましょう。

② 人的・物的環境の整備

　認知症の人の意思決定支援ガイドラインでは、意思決定支援（支援付き意思決定）を「❶意思形成支援：本人が意思を形成することの支援と、❷意思表明支援：本人が意思を表明することの支援を中心とし、❸意思実現支援：本人が意思を実現するための支援を含む」ものととらえています。あくまでも決定主体は本人であり、周囲の者が代理代行決定をすることは意思決定支援ととらえていない、という点が特徴です。

　それぞれのプロセスに入る前に、同ガイドラインは、まずは人的・物的環境の整備が重要であると指摘しています。なぜなら、<u>本人の**意思決定能力**は、本人の理解、記憶保持、比較検討、表現における個別能力だけではなく、支援者の支援力（**意思決定支援力**）によっても変化する</u>と考えられており、支援者の態度や支援者との信頼関係、立ち会う人との関係性や環境による影響を受けるからです。

　以下は、人的・物的環境の整備におけるポイントとして例示されています。

☐　意思決定支援者の態度（本人意思の尊重、安心感ある丁寧な態度、家族関係・生活史の理解など）

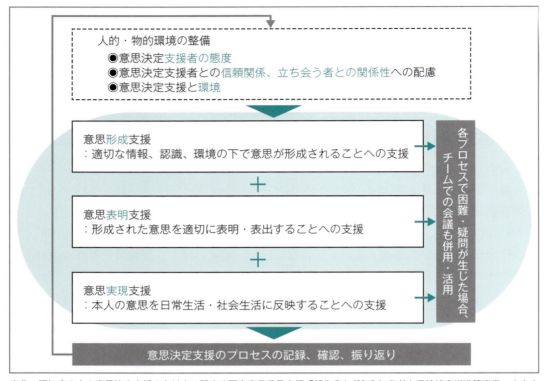

出典　認知症の人の意思決定支援のあり方に関する研究事業委員会編「報告書」（2018年度老人保健健康増進等事業、中京大学、2019年3月）18頁を参考に筆者が一部改変作成

図3-2　意思決定支援のプロセス

- □　意思決定支援者との信頼関係、立ち会う者との関係性への配慮（本人との信頼関係の構築、本人の心情、遠慮などへの心配りなど）
- □　意思決定支援と環境（緊張・混乱の排除、時間的ゆとりの確保など）

　このような環境整備の過程においては、個々の支援者が意思決定支援の重要性について理解するだけではなく、本人を中心としてかかわる支援者らで構成されるチーム全体においてコンセプトを共有し、支援を展開していくことが必要になるものと考えられます。意思決定支援チームの形成方法や意思決定支援会議のための準備方法については第4章にて取り扱っていますので、ここでは割愛します。

③ 意思形成支援のポイント

　意思形成支援とは、本人が適切な情報、認識、環境の下で意思が形成されることへの支援をいいます。確認すべき点として挙げられているのは、以下のポイントです。
- □　本人が意思を形成するのに必要な情報が説明されているか
- □　本人が理解できるよう、わかりやすい言葉や文字にして、ゆっくりと説明されているか

```
┌─────────────────────────────────────────────────────────────┐
│         適切な情報、環境、認識の下で意思が形成されることの支援         │
│ ✓ 支援者の価値判断が先行していないか？                              │
│    ■判断の前に本人の希望に着目し、「開かれた質問」でたずねる。          │
│ ✓ 本人の「理解」と支援者の「理解」に相違はないか？                    │
│    ■本人に説明してもらう。同じ趣旨の質問を、時間をおいて、違う角度から行ってみる。 │
│    ■説明された内容を忘れてしまうことがあるため、その都度説明する。       │
│ ✓ 選択肢を提示する際の工夫ができているか？                          │
│    ■比較のポイント、重要なポイントをわかりやすく示す。                 │
│    ■文字にする。図や表を使う。＝ホワイトボードなども活用               │
│ ✓ 他者からの「不当な影響」はないか？                                │
└─────────────────────────────────────────────────────────────┘

出典　認知症の人の日常生活・社会生活における意思決定支援ガイドライン、7頁を参考に筆者一部改変

**図3-3　意思形成支援のポイント**

☐　本人が理解している事実認識に誤りがないか
☐　本人が自発的に意思を形成するに障害となる環境等はないか

特に4つめのポイントについては注意が必要です。

例えば、支援者側が本人の意思を読み解く前に、自分のなかでの価値判断（しばしば「客観的な最善の利益」の考え方）が先行してしまうと、はじめから本人を「説得（特定の結論の受け入れに向けた働きかけ）」する方向に向かってしまうことでしょう。そうすると、本人の意思決定や経験するための機会を奪ってしまい、結果として本人が口を閉ざしてしまう、ということも懸念されます。

また、本人の意思を形成する過程において、一方的な選択肢のみを提示し、そのメリットのみを強調する（あるいはほかに取り得る選択肢について、そのデメリットのみを強調する）と、支援者の価値観に基づく不当な誘導と評価される可能性が高くなることでしょう。もちろん、支援者にはこれまでの知識・経験から蓄積されたバイアスが存在する以上、全く誘導の要素がない選択肢の提示というのは現実的ではありませんが、例えば、支援者の価値観においては不合理と思われても本人のこれまでの選好や価値観からすれば選択の可能性がある選択肢も含めて提示し、本人にとっての利益・不利益（主観的な本人利益・不利益も含めて）を一緒に検討しながら、本人の適切な意思形成を図る必要があるものと考えられます。

## ④ 意思表明支援のポイント

意思表明支援とは、本人の内面に形成された意思を適切に表出・表明することの支援をいいます。確認しておくべきポイントは以下のとおりです。

☐　意思表明場面における環境の確認・配慮
☐　表明の時期、タイミングの考慮（最初の表明に縛られない適宜の確認）
☐　表明内容の時間差、また、複数人での確認
☐　本人の信条、生活歴・価値観等の周辺情報との整合性の確認
```

形成された意思を適切に表明・表出することへの支援
✓ 決断を迫るあまり、本人を焦らせていないか？ 　■ 時間をかけてコミュニケーションを取る。 　■ 重要な意思決定の場合には、時間をおいて、再度、意思を確認する。 　■ 時間の経過や置かれた状況によって意思は変わり得ることを許容する。 ✓ 本人の表明した意思が、これまでの本人の生活歴や価値観等からみて整合性があるか？ 　■ これまでと異なる判断の場合には、より慎重に本人の意思を吟味する。 　■ 表面上の言葉にとらわれず、本人の心からの希望を探求する。 ✓ 意思を表明しにくい要因や他者からの「不当な影響」はないか？ 　■ 意思決定支援者の態度、人的・物的環境に配慮する。時には、いつものメンバーとは異なる支援者が意思を確認してみることも必要。

出典　認知症の人の日常生活・社会生活における意思決定支援ガイドライン、7頁を参考に筆者一部改変

図3-4　意思表明支援のポイント

　特に、本人の表明した意思が、これまでの本人の生活歴や価値観等からみて整合性がない場合、意思形成・表明の過程における不当な影響がなかったかどうか、より慎重に本人の意思を吟味する必要があります。例えば、これまでは自宅でずっと暮らしたいという意思表明をしてきた本人が、ある時、施設等での生活はどうかと問われたときに「はい」という返答をしたとしましょう。ある支援者はそれを承諾と理解するかもしれません。しかしながら、別の支援者は、本人を焦らせてしまった結果、本意ではない形で本人が意思表明せざるを得なかったととらえる可能性もあります。同じ「はい」という仕草でも、意思決定の環境下によっては、全く違った意味でとらえられることもあるのです。

　しかしながら、実際のところ、支援者の価値判断に沿う意思表明を本人が行った場合には、その支援者はあえて異なる選択肢を提示することはあまりないのではないでしょうか。それは、異なる選択肢を提示することで、先の本人の意思表明が覆されてしまう（本人の本心、心からの希望が現れてくる）ことを無意識に恐れているのかもしれません。このような場面が散見されるからこそ、認知症の人の意思決定支援ガイドラインでは、これまでとは異なる判断を本人が行おうとした場合には、より慎重な吟味を求めているものと考えられます。

⑤ 意思実現支援のポイント

　意思決定支援という言葉からすれば、先に述べた意思形成支援と意思表明支援が基本と考えられるものの、認知症の人の意思決定支援ガイドラインでは、意思実現支援、すなわち、本人が決定した意思を、本人の能力を最大限活用したうえで、日常生活・社会生活に反映することへの支援についても意思決定支援の概念に入るととらえているようです。

　ポイントを図3-5にまとめました。

　この段階において特に重要なポイントは、「本人の参加」、すなわち本人が支援者とともに自ら意思実現にかかわっていくという点ではないでしょうか。その理由は、本人が意思

> **本人の意思を日常生活・社会生活に反映することへの支援**
>
> 自発的に形成され、表明された本人の意思※について、
> - ✓ 本人の能力を最大限活用できているか？
> - ✓ 意思決定支援チームが協働できているか？
> - ✓ 活用可能な社会資源を適切に利用できているか？
>   ▶ 実現それ自体より、本人と一緒に実現を目指していく過程が重要。本人を抜きにして、何でも「やってあげる」という姿勢は実現支援ではなく「代行決定」。
> ※他者からみて合理的かどうかを問うものではない。
> ※体験（小さな実現支援）を通じて意思形成され、過去の表明内容が変更されることもある。

出典　認知症の人の日常生活・社会生活における意思決定支援ガイドライン、8頁を参考に筆者一部改変

図3-5　意思実現支援のポイント

決定の主体となり、自己の選択に基づいて、自分らしい人生を掌握していく（チョイス・アンド・コントロール）ことは障害者権利条約の理念でもあること、かつ、意思実現は将来の意思決定における意思形成（成功・失敗体験等）にも関連している点から導かれるものと考えられます。他方、本人の意思決定の実現過程における本人参加について本人の意向をたずねることもなく、全て支援者が段取りを組んで実現してあげようとする行為は、同ガイドラインが意味する意思実現支援ではなく、あえていえば「代行実現」ととらえるべきでしょう（それ自体の当否を問うものではありません）。

3 支援付き意思決定からの移行が検討される場面

（1）意思決定支援の限界とその先のアプローチ

　意思決定がまさに必要とされる場面において、意思決定支援を尽くしてもなお本人の意思決定が難しい場合は、現実には遭遇し得ることでしょう。あるいは、形成・表明された意思をそのまま実現すると取り返しのつかない結果を招く可能性が極めて高い、といった懸念が生ずることもあり得ます。

　その場合、支援者としてはどのような方針で本人の支援に臨むべきでしょうか。この点は未だ議論の半ばでもあり、各ガイドラインにおいても対応方法はさまざまです。状況に応じてケースバイケースの対応が必要となることから、単一の答えを期待すること自体が適切ではないかもしれませんが、本項では、各ガイドラインにおけるプロセスを参考に、その先のアプローチについて検討します。

（1）表明意思に対する意思決定（実現）支援の限界

　認知症の人の意思決定支援ガイドラインによると、「本人の示した意思は、それが**他者を害する場合**や、**本人にとって見過ごすことのできない重大な影響が生ずる場合**でない限り、尊重される」と規定されています。すなわち、本人より表明された意思が「他者を害する

場合」や「本人にとって見過ごすことのできない重大な影響が生ずる場合」には、支援者側が行う意思決定（実現）支援にはおのずから限界があるということを、同ガイドライン自身が認めているものといえましょう。

もっとも、同ガイドラインでは、「重大な影響」といえるかどうかについて、かなり限定的な場面を想定しています。すなわち、

① 本人がほかに取り得る選択肢と比較して**明らかに本人にとって不利益**な選択肢といえるか
② 一旦発生してしまえば、**回復困難なほど重大な影響**を生ずるといえるか
③ その**発生の可能性に蓋然性**があるか（蓋然性とは、その事柄が実際に起こるか否かの確実性の度合いであり、いわゆる「確率」を意味します。同ガイドラインの事例や文脈からすると、**「高度の」蓋然性**（８割以上の確率）が求められるのではないかと解されます）

等の観点から慎重に検討される必要があるとしています。例示として、自宅での生活を続けることで本人が基本的な日常生活すら維持できない場合や、本人が現在有する財産の処分の結果、基本的な日常生活すら維持できないような場合を挙げています。

そもそも意思決定というものは多少のリスクを伴うものであり、また、場合によっては他者の権利との緊張関係が生ずることもあり得ることでしょう。同ガイドラインがあえて「重大な影響」の解釈基準を設けているのは、少しでも他人を害する、あるいは本人に悪影響を及ぼす可能性があるからといって、容易に意思決定支援から手を引くことを戒める意味合いが込められているものと考えられます。

したがって、この要件に該当するかどうかは、支援チームにおいて十分に議論される必要があります。

（２）すでに現実の危機状態が発生している場合の関係法令による介入

(1)に関連して、例えば、刑法等に触れる犯罪行為およびそれに類する重大な他者への権利侵害行為、並びに深刻なセルフネグレクト、他者からの虐待、自殺未遂の反復など、本人にとって見過ごすことのできない重大な影響がすでに生じている場合はどうでしょうか。この場合には、刑法、刑事訴訟法、精神保健及び精神障害者福祉に関する法律（精神保健福祉法）、高齢者虐待の防止、高齢者の養護者に対する支援等に関する法律（高齢者虐待防止法）、障害者虐待の防止、障害者の養護者に対する支援等に関する法律（障害者虐待防止法）等の法律上の根拠に基づく司法機関・行政機関・医療機関等による、**法的保護のための「介入」**もあり得ると考えられます。このような法令等に基づく介入場面においては、支援付き意思決定のプロセスは危機状態が解消するまでは一旦停止せざるを得ません。ただし、介入行為については一時的かつより制限的でない方法によって行われるべきであり、危機状態を脱した場合には、再び支援付き意思決定のプロセスに戻ることを意識すべきでしょう。

意思決定支援の概念を誤解し、「本人の意思だから私たちは一切介入できない」と結論づけてしまうのは大変危険です。すなわち、支援者のうち特に医療・福祉・司法の専門職や

行政担当者は、場面によっては特定の行動をとることについて法令上の注意義務を負い、また倫理規範に従うことが要求される場合もあります。また、各法令において介入場面の要件が規定されていることもあります。したがって、本人が危機状態に陥っているのに、介入の要件該当性を検討するためのアセスメントを行うこともなく、漫然と放置した結果、重大な事象が発生した場合には、注意義務違反等に基づく損害賠償責任やその他法令に基づく民事・行政・刑事責任を問われる可能性もあり得ます。本人の「意思」に沿って支援を進める際にも、意思決定支援上の限界や法的介入の可能性については、留意しておく必要があることに注意してください。

（3）本人の自己決定ないし意思確認がどうしても困難な場合

では、先の場面とは異なり、確認が難しい場合はどうでしょうか。本ガイドラインでは、本人の自己決定や意思確認が困難な場合には、本人の意思および選好を推定し、支援を尽くしても本人の意思および選好の推定が困難な場合には、最後の手段として本人の最善の利益を検討するというプロセスが存在します。事務上重要なことは安易に次の段階には進まないということでしょう。意思決定支援（支援付き意思決定）は代理代行決定とは区別して理解すべきであるとの点は、すでにふれたところですが、後者の方向性に進めば進むほど、本人に対する介入的側面が強くなってきます。本人の危機状態からの法的保護のためには一定の介入をやむを得ないという側面もありますが、あまりにも早すぎる介入、あるいは過剰な介入は、かえって本人の意思決定の権利に対する過度の制約となり、障害者権利条約の観点からも許されません。

そこで、これらのプロセスに進む前に、「自己決定ないし意思確認がどうしても困難な場合」とはどのような場面であるのか、という点をまず考えてみましょう。

4 意思決定能力とアセスメント

1 意思決定能力とは

実際のところ、本ガイドラインにはこの点について十分な記述がありません。そこで、認知症の人の意思決定支援ガイドラインで用いられている「意思決定能力」の考え方を参考に、検討を進めていきましょう。

意思決定能力とは、何らかの意思決定を行うにあたって通常必要とされる能力で、関連する情報の①理解、②記憶保持、③比較検討、および決めた意思の④表現の各要素を含むものと考えられています。同ガイドラインで強調されているのは、この場合の意思決定能力は、本人の個別能力だけではなく、支援者側、すなわち意思決定を支援する者の支援力によっても変化する、ということです。この考え方を採用すると、支援者の意思決定支援の方法によって本人の意思決定能力の程度が異なるということになります。したがって、

アセスメントにあたっては、本人の能力を評価するだけでは不十分であり、支援者自身が可能な限りの意思決定支援を尽くしているかどうかということも併せて評価されるということになるでしょう。

② 意思決定能力アセスメントの内容

では、支援者の意思決定支援力はどのように評価されるのでしょうか。

以下のように、意思決定能力の要素である**①理解**、**②記憶保持**、**③比較検討**、**④表現**を支援者側の能力としてとらえ直してみましょう。

理解
　　意思決定に関連する情報を本人が理解できるよう、支援者側が実践上可能な工夫・努力を尽くしたか？

記憶保持
　　情報を必要な時間、本人が頭のなかに保持できるよう、支援者側が実践上可能な工夫・努力を尽くしたか？

比較検討
　　その情報に基づく選択肢を本人が比較検討できるよう、支援者側が実践上可能な工夫・努力を尽くしたか？

表現
　　意思決定の内容を本人が他者に伝えることができるよう、支援者側が実践上可能な工

「支援者側が意思決定支援を尽くしたといえる場合」とは？

✓ 本人にとって意思が表出しやすい又は意思決定がしやすくなる日時・場所の設定がなされている
✓ 本人の意思形成に不当な影響を与えないように、面談・会議等における参加者の構成を工夫している（利益相反を避けるようなメンバー構成、複数人体制等）
✓ 本人が意思決定をするために十分な時間、情報（メリット、デメリット、結果の見通しを含む）、選択肢が与えられている
✓ 本人にとってわかりやすい言葉遣いの工夫がされている
✓ 写真や映像、タブレット、絵カード等を用いるなど、本人が理解しやすい形で情報が提供され、かつ、意思疎通手段の工夫がされている
✓ 体験の機会等を提供し、本人の意思形成支援や意思確認を試みている
✓ 本人、関係者からの情報収集を通じて、本人の価値観、意思および選好、心理的状況、これまでの生活史等、本人の情報や人間関係・物理的環境等を把握するよう努めている
✓ 「意思決定支援」に関する実践記録を積極的に残している

出典　曽根直樹ほか「分担研究報告書―意思決定支援ガイドラインを活用した研修プログラム及び研修テキストの作成と、研修前後の受講者の意思決定支援に関する認識の変化の検証に関する研究―」（厚生労働科学研究費補助金　疾病・障害対策研究分野　障害者政策総合研究、厚生労働科学研究成果データベース、2019年8月）曽根3-104頁より一部改変 https://mhlw-grants.niph.go.jp/niph/search/NIDD00.do?resrchNum=201817008A

図3-6　「本人の自己決定や意思確認がどうしても困難な場合」だと<u>考える前に</u>実践すべきこと

夫・努力を尽くしたか？

ただし、「どうしても困難な場面」という観点からは、一定のタイムリミットを意識しておく必要があります。第1章で述べた「レスキューの相」を思い出しましょう。すなわち「決めなければならない場面までに」、十分に実践可能な支援を行ったうえで、それでもなお、本人が自分で意思決定をするということが難しいといえるのかどうかという点が問われることになるものと考えられます。

普段から本人に対して意思決定支援が行われている場合には、このような場面はある種の究極的な場面といえるでしょう。しかしながら、これまで全く本人に対して意思決定支援が提供されていなかった場合には、その場で小手先の支援をしても本人が意思決定できるようにはならないことも多く、代理代行決定の領域に進みやすくなるという問題があります。意思決定能力に関するアセスメントについて本人の能力ばかりに目が行ってしまうと、本人は「理解できていないね」「記憶もできていないね」「比較もできていないね」と簡単に判断されてしまい、次は代理代行決定が必要ですねという話になりかねません。MCAのある英国でも同じような誤解が生じている例もあるとの調査結果が出ていますので、十分に留意しておくべきと思われます。

ちなみに、英国で意思決定能力のアセスメントが行われる場面では、次のような質問が本人になされることがあります。
- 現時点で考えられる選択肢について教えてください
- 〜を選択するとどのような結果になると思いますか。その結果を受け入れられますか
- どのようにすれば、希望する選択肢にたどり着けると思いますか
- 仮にその選択をしないとしたら、他にどのような選択肢があると思いますか
- 〜という選択肢は、どのような点であなたにとってよいことがありますか
- 反対に、〜という選択肢は、どのような点であなたにとって悪いことがありますか
- 〜の選択肢を選んだ場合に、どれくらい成功／失敗する確率があると思いますか
- その成功／失敗は、あなたにとってどれくらい重要な意味をもちますか
- もし「○○（予測される未来）」になった場合には、あなたならどうしますか

ただし、先ほど述べたとおり、意思決定能力は、本人の能力と支援者の支援力の総体ですから、本人に口頭で伝えてもその趣旨が理解できない場合には、支援者側として可能な限りわかりやすく伝える努力（写真・図にするなどの工夫も含む）が求められます。

本人の意思決定能力を簡単に否定しないように、図3-6のようなチェックリストを作成しました。本人による意思決定が難しいと感じた際、代理代行決定に進もうとする前に、ぜひ留意していただきたいポイントをまとめています。

③ 本人の意思推定（意思と選好に基づく最善の解釈）アプローチ

　意思決定能力アセスメントを実施し、さまざまな意思決定支援を行ったとしても、「決めなければならない場面までに」本人の自己決定や意思確認がどうしても困難だと評価された場合、本ガイドラインでは、「本人をよく知る関係者が集まって、本人の日常生活の場面や事業者のサービス提供場面における表情や感情、行動に関する記録などの情報に加え、これまでの生活史、人間関係等様々な情報を把握し、<u>根拠を明確にしながら障害者の意思及び選好を推定する</u>」とされています。

　では、根拠を明確にするためにはどのようなプロセスが必要となるのでしょうか。ポイントを図3-7にまとめました。

　関連情報の収集にあたっては、課題となっている意思決定に関連して欠けている情報はないだろうか、そういったことを十分配慮したうえで収集にあたります。チェックリストを活用してもいいでしょう。さらに、収集された事実については、一見すると矛盾していたり、古すぎる情報、又聞き情報といったものも存在するので、情報を適切に選別していく必要もあります。さらに整理された事実から、本人の選好や価値観に基づく本人の意思を合理的に推定していくために関係者による評価が行われていきます。

　事実の収集、選別、評価、いずれのステップについても、なかなか自分一人だけでできる話ではありません。支援チームにおいて、複合的な視点から検討する必要があるでしょう。

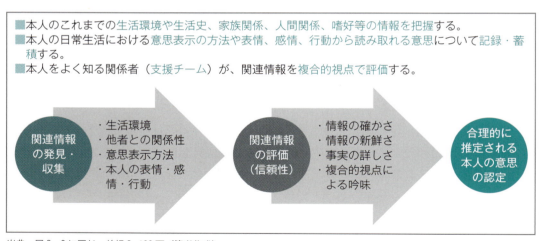

出典　図3-6に同じ、曽根3-106頁（筆者作成）

図3-7　本人の意思推定（本人の意思と選好に基づく最善の解釈）のためのプロセス

④ 本人の主観面を重視した最善の利益アプローチ

（1）最善の利益とは

　本ガイドラインの最終段階として、本人の意思推定すら困難な場合においては、最後の手段として、関係者が協議し、本人にとっての最善の利益を判断するという場面があります。

　これまでの支援付き意思決定の段階や本人の意思と選好に基づく最善の解釈（意思推定）の段階が踏まれていれば、通常はこのステップには至らないのではないかと考えらえます。ただし、突発的・緊急的に判断が求められるような場面もなかにはありますし、本人の意向や価値観が収集されていても意思推定までには至らない場面や、関係者の真摯な努力によっても全く意思表示ができない（関係者側から意思を読み取ることが困難な）場面もあり得るかもしれません。

　そのときには最後の手段として、本人にとっての最善の利益を検討せざるを得ないとされています。

　本ガイドラインに出てくる「最善の利益」についての考え方も整理しておきましょう。

　まず、最善の利益は、どの段階で使われる発想なのでしょうか。少なくとも、支援付き意思決定の場面においては使われないということは序章の段階から強調してきましたので理解していただけるかと思います。いわゆる代理代行、第三者が本人に代わって判断せざるを得ない場面において、最終手段として用いられる考え方であるということです。

　次に、「最善の利益」の考え方について。最善の利益の議論においては、支援者が客観的にみた際の本人の利益を重視して決める考え方と、本人の主観面の利益を重視して決める考え方に分かれるといわれています。前者は「自分ならこうする。このほうが本人のため

◆「最善の利益」自体の定義は設けられていない。

　→人それぞれの価値観は違うため、一般論として決められるものではない。

× 周囲（後見人・隣人・支援者）の思惑

× 「自分ならこうする」「このほうが本人のためだ」という第三者的・倫理的な価値観＝「客観的」最善の利益

○ 「本人の意向・感情・価値観を最大限尊重することを前提に他の要素も考慮＝「主観的」最善の利益

　→「最善の利益」に基づく場合、本人の推定意思に反してでも第三者の介入が許容される場合があり得る。権利侵害のリスクがあるため、チームによる複合的視点での、信頼できる根拠に基づく慎重な吟味が必要。

注意！　最善の利益はあくまでも「代理代行決定」の場面で用いるものであって、「支援付き意思決定」の場面で用いられるべきではありません。

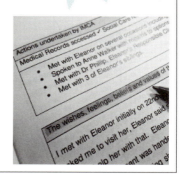

出典　図3-6に同じ、曽根3-108頁（筆者作成）

図3-8　本人の意向・感情・価値観を重視した「最善の利益」の考え方

だ。このように行動すべきだ」と、支援者が本人に良かれと思ってという視点に基づいて決定していく考え方で、「客観面を重視した最善の利益」といわれる発想です。

　しかし、本ガイドラインではこのような考え方は採用していません。本ガイドラインで採用されている最善の利益は「**本人の主観面を重視した最善の利益**」、つまり、本人の意向・感情・価値観を最大限尊重することを前提に他の要素も考慮して判断するという考え方です。英国の過去の裁判例をみると、本人の過去・現在の意向や価値観・信条・好みを重要な要素として考慮し、選択肢を本人視点でみたときに、本人にとっての最善の利益と合理的に言い得る判断を「最善の利益」と解釈しているようであり、このような考え方を本ガイドラインも基礎としているものと考えられます。

　この主観面を重視した最善の利益の考え方は、障害者権利委員会が代理代行決定にとって代わるべき概念として推奨している「意思と選好に基づく最善の解釈（意思推定）」という考え方と、かなりの部分において近接しているといわれています。しかしながら、序章でもふれたとおり、以下の違いがあることは意識しておく必要があるでしょう。

　意思と選好に基づく最善の解釈は、あくまでも本人の意思をさまざまな根拠から推定していくプロセスですから、本人の意思を優越することはありません。他方で、最善の利益の場合には、本人の意思よりも他者の判断が優越し得る場合がある（つまり、本人の意思ないし推定意思に反するような他者決定もあり得る）ということです。それは本人の主観面に一定程度のウエイトを置くとしても同様です。

　本人の意思ないし推定意思に反してでも、第三者の介入が許容される場面を設けるかどうかは、その国、社会ごとに異なるわけですが、わが国においては、本人ないし他者の法的保護の観点から、各種法律等によって、限定された場面では許容されています（本章3項参照）。しかしながら、このような他者決定スキームは、使い方を間違えると、かえって本人の自己決定権の侵害となってしまうものですから、慎重に慎重を重ねてその介入場面を吟味する必要があると解されます。また、できる限り独りよがりの決定とならないよう、チームアプローチのなかで検討すべきとの点は、意思推定の場合と同様です。

（2）本人にとっての最善の利益を検討するためのポイント

　本人の主観面を重視した最善の利益を検討するにあたっては、本ガイドラインにおいて、以下のポイントが挙げられています。
① 本人の立場からみたメリット、デメリットを検討していくということ
② 相反する選択肢の両立可能性があるかどうかを検討していくということ
③ 本人にとっての自由の制約が可能な限り最小化できるような選択肢を検討すべきであること

　このうち①については、「本人の立場からみた」という点が重要です。すなわち、最善の利益の判断において本人の主観面を重視するならば、人それぞれの価値観が異なるため、一般論において最善の利益を決めることはできないからです。そのため、本ガイドライン上も、MCAに倣って最善の利益の定義は設けられていません。少なくとも親、親戚、支援者その他の第三者にとっての「最善」ではないし、第三者それぞれの価値判断に基づく「自

分がその本人だったら、このように決定するだろう」「こうしたほうが本人のためだ」という客観面を重視した判断でもないことは明らかでしょう。

⑤ 代理代行決定の限界

　代理代行決定の限界についても検討しましょう。本ガイドラインにおける意思決定プロセスを踏めば、どのような意思決定についても第三者が本人に代わって決定できるということではありません。例えば預貯金の引き出しについては成年後見制度の利用が必要な場合もあり、法律上の権限や裁判所の許可がなければできないような意思決定（代理行為）もあるわけです。また、結婚、養子縁組、離婚、離縁、といった身分行為や身体的侵襲を伴う医療行為については一身専属性が強いため、他者による代理は許容されていません。さらには、本人を保護したり、他者の権利を護るための介入場面では、それは各種法令に基づいて行われるものであり、何ら権限がない支援者が介入すれば本人への権利侵害にあたる可能性もあります。MCAの場合には、権限がない場合の支援者の事実上の介入行為（代理代行決定）について、本人の最善の利益に適うと関係者が合理的に信じて行った場合には、その決定責任を免除する（MCA 5条：免責規定）との規定が設けられていますが、わが国においては明確な免責規定は未だ設けられていないことに注意が必要です。

5　「意思決定支援」プロセスにおける留意点と今後の課題

　これまで支援付き意思決定および代理代行決定のプロセスについて詳述してきましたが、実務上は、以下のような点を意識しておくべきでしょう。
　まず1点目が、最善の利益、あるいはネガティブリスクに対する考え方についてです。これは、本人の意思決定を支えていくうえで必ず付きまとう問題です。例えば本人の表出された意思・心からの希望を探り、実現しようとする過程において、他方では「そんなことをやってしまうと本人に危険があるんじゃないか。本人が本気にして、不穏になってしまう可能性があるから、そもそも本人にはそういうことを聞かないでくれ」という立場の支援者も存在します。意思決定支援をすること自体が、本人の行動の危険性を高めることにつながるとして、反対との考え方をもつ人もいます。
　ここで大事だと思われるのは、その危険性を抽象的に議論するのではなく、どの程度の重大性があり（生命身体に危害が及ぶほどのものなのか、軽微な失敗経験で済むものなのか）、危険が現実になる可能性がどの程度あるのかといった点について、エビデンス（証拠）に基づき丁寧にアセスメントを行うということです。
　それから、自分自身のことに置き換えて考えていただきたいのですが、読者の皆さんはこれまでの人生においてすべてネガティブリスクのない選択をしてきたのでしょうか。時

にはリスクを伴う選択をしながらも、自身が成し遂げたいと思う強い希望や価値観に基づき、あえてリスクのある意思決定をしたこともあるでしょう。その結果、成功する場合もあれば、失敗することもあったかと思います。ネガティブリスクに対する適切な評価と認識を本人・支援者間で共有しておくことが望まれます。

　2点目が、本人の意思に対する支援者側の受け止め方についてです。これは大変難しいと感じます。本人が表明する意思は、場面によって、あるいは人によって変わることもあるでしょう。しかし、それもまた本人の意思ととらえて、同じ質問を別の支援者から投げかけていくなかで、本人の心からの希望を探っていくことが必要となる場面も生じるかもしれません。支援者としては、選択肢を提示する際にも、支援者が望ましいと考える選択肢だけを提示するのではなく、本人だったらどんな選択肢を挙げるだろうかといった、本人視点で検討することも併せて行っていく必要があると考えます。

　3点目がチームアプローチの重要性についてです。皆さんが意思決定支援を行ったときに、本人がどう変わったのか、関係者がどう変わったのか。それを支援チーム全員が実体験することは地域社会を変えていくことの第一歩ではないかと思われます。意思決定支援は地域開発のモデルとも言い得るものです。本人だけが変わるのではなく、周りの支援者自身が意思決定支援のコンセプトを共有し、結果を実感することによって支援者側の行動も変わっていく。このような変化を地域社会にもたらすことが、支援付き意思決定、意思決定支援における大きな可能性だと感じます。

　最後に、意思決定支援における法整備の必要性についてです。この点については、法律があることによって、かえって硬直的な運用になってしまうのではないか、という懸念がある方もいるのではないかと想像します。他方で、ガイドラインを踏まえて意思決定支援を適切に実践しようとする場合には、危険の回避を優先した姿勢や客観面を重視した最善の利益の発想をもつ支援者との間で、緊張関係が生じることもあろうかと考えます。ともすれば周りの人たちが「あなたが言いたいことはわかりました。あなたが勝手にやってください。ただし責任は取ってください」というような態度になってしまうこともあり、その場合になお支援を継続していくことは大変な努力と負担を伴います。このような真摯な支援者による意思決定支援を促進するためには、適切に意思決定プロセスを踏まえた場合に結果責任を問われないようにするための免責規定を含む法制度が、代理代行決定の場面のみならず、支援付き意思決定の場面においても必要なのではないかと考えます。

第4章 意思決定支援チームの構築に向けて

1 チームアプローチにおける阻害要素とファシリテーションの重要性

　国内の「意思決定支援」ガイドラインを俯瞰すると、いずれも「チームアプローチ」や「意思決定支援会議」等が強調されています。実際のところ、意思決定支援を充実させようとするならば、個別のアプローチでは限界があり、チームにおいて本人の情報を収集し、共有し、蓄積し、更新していく必要があるでしょう。

　ここで障害福祉サービス等の提供に係る意思決定支援ガイドライン（以下、本ガイドライン）をみると、意思決定支援会議は「相談支援専門員が行う「サービス担当者会議」やサービス管理責任者が行う「個別支援会議」と一体的に実施することが考えられる」といった記載もあるため、従来、支援者が行ってきた会議と何ら変わらないのではないか、との印象をもつかもしれません。

　もっとも、実務に携わってみれば、いかに代理代行決定型会議（介入型会議）が多いかということは実感するのではないでしょうか。支援者が介入型・問題解決アプローチに慣れている環境下においては、意識をしなければこれまでの会議を意思決定支援会議に転換することは難しいのではないかと思われます。

　そこで、意思決定支援会議を開催する前に、「これまでの会議」の現状について考えてみましょう。会議がうまくいかなくなる阻害要素としては少なくとも以下の5点が挙げられます。

① 意思決定支援のイメージや内容が共有されていないことにより、支援者が慣れているトラブル解決型の代理代行決定アプローチに陥りやすい。
② 意思決定支援会議における目的を達成するためのルールや役割分担が意識されていないため、支援者の価値判断から「良かれと思って」の支援策が展開されることにより、支援付き意思決定のプロセスからどんどん外れていってしまう。
③ もっぱら支援者側の都合で会議に日時や場所、出席者が協議されることが多く、本人の意向が考慮されないまま会議が設定されるため、本人にとっては、最初の段階でアウェ

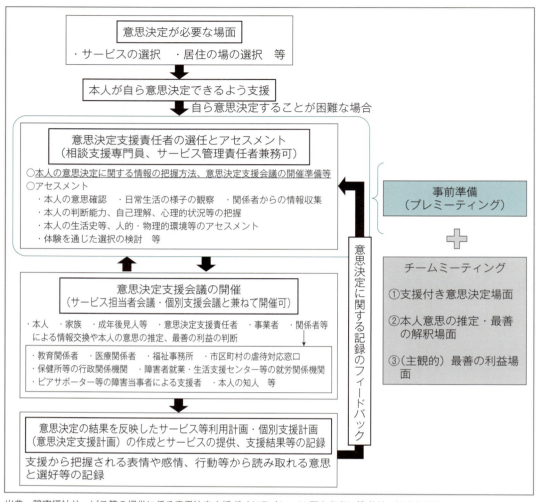

出典　障害福祉サービス等の提供に係る意思決定支援ガイドライン、11頁を参考に筆者が一部改変作成

図4-1　本ガイドラインにおける意思決定支援の流れと会議の位置づけ

イ感、居心地の悪い感覚に陥ってしまう。

④　会議のなかで結論を全部決めなければならないと思い込み、本来、手段である会議が目的化してしまう。本人に対しても時間的な余裕がないため、尋問のようなアプローチになってしまい、本人自身も会議への参加に消極的になってしまう。

⑤　決定主体である本人が不在の会議が多いため、そもそも意思決定支援会議の前提条件を欠いている。または、本人が出席こそしているが合理的配慮が十分ではないために発言できず、本人に理解できない形で周囲が勝手に議論をして、結論を受け入れるよう本人に要請する。

また、チームアプローチそのものにも課題は内在します。特に、「本人にとって望ましくない」「賢明ではない」と支援者が考えるような意思決定がテーマになった際には、支援者間の対立という形で顕在化することが多いのではないでしょうか。こちらも以下の4点の

意思決定支援会議 （本人中心会議）	介入型会議 （支援者中心会議）
□本人には意思決定能力があることを常に推定 □本人と支援者は対等であり、本人の希望や信条、価値観が議論の中心に据えられる □本人に対する合理的配慮が十分に行われる □最終的な決定権は「本人」	□本人には意思決定能力が欠けている □支援者による会議の結果、本人はそれに従う □高度に専門的な議論が行われるため、本人は不参加 □最終的な決定権は「支援者」

図4-2　意思決定支援会議と介入型会議の違い

課題を提起しておきます。

① 参加する人や団体の背景事情や価値観が異なり、原則・例外のとらえ方や思考の手順が異なることによる対立がある。ある参加者にとっては原則的な考え方でも、別の参加者にとっては例外的なものということもある。

② 事実関係の有無を判断できないことから生ずる対立もある。例えば「本人が首を縦に振った」という事実が存在したのかしなかったのか、十分な根拠を提示できないことにより、水掛け論になってしまうこともある。

③ 仮に事実関係についてコンセンサスが得られても、その事実に対する評価の差から生じる対立もある。先の例では「本人が首を縦に振った」という点では互いに共通認識はあっても、その評価として「本人が頷いた。すなわち、本人が同意した」ととらえる考え方もあれば、「頷きではなく、本人の身体障害から来る不随意運動である」あるいは「質問者から誘導された結果の頷きであり、本人は心から同意していない」といったとらえ方もある。

④ さらに、メンバー間のパワーバランスによる対立もある。例えば、家族、医師や後見人などが全ての決定権を持つかのように振る舞うこともある。結果、参加者はその者の発言に疑問があっても、その場の空気感によって、理性的な議論とは異なるところで結論が決まってしまうこともある。

以上のようなチームアプローチの課題や阻害要素があるからこそ、意思決定支援会議を主催する立場になった場合には、「ファシリテーション」の考え方を基本に据えて臨むことが必要です。

ファシリテーションとは、「人々の活動が容易にできるよう支援し、うまくことが運ぶよう舵取りすること。集団による問題解決、アイデア創造、教育、学習等、あらゆる知識創造活動を支援し促進していく働き」をいいます[1]。各メンバーを会議に主体的に参加させ、議論を促進・活性化させるための進行技術であり、特に会議が始まる前の場の設定が重要とされています。本章では、本ガイドラインにも規定されている意思決定支援会議の事前準備の方法に焦点を当てて検討することにします。

1　堀公俊『ファシリテーション入門』（日経文庫、2004年）より引用。

> ☐ 今回の会議における参加メンバーの確認
> ☐ 意思決定支援の基本原則の確認
> ☐ ミーティングの目的とルールの確認
> 　（すること・してはいけないこと・配慮すべきこと等）
> ☐ 各参加者の役割の確認
> 　→「ファシリテーター」（中立な立場）と本人の「アドボケイト役」（本人視点にとことん立つ立場）を意識的に分ける
> ☐ 本人による意思決定のベストチャンスを確保するために必要な合理的配慮事項の確認
> 　→本人にとってよい環境・時期・場所・対話する人
> 　→本人にとって円滑なコミュニケーション方法

図4-3 ファシリテーションの観点から事前準備の段階で検討・共有しておきたいこと

2 意思決定支援会議のための事前準備方法

1 会議メンバーの確認

　いつも支援者全員がそろうような会議は大仰で、本人が萎縮してしまう会議になりがちです。したがって、今回の意思決定の内容・テーマが住まいの話なのか、医療の話なのか、お金の話なのか、あるいはライフスタイルの話なのかを意識し、以下のような基本メンバーと周辺メンバーのうち誰に参加してもらうかを検討しましょう。

＜基本メンバー＞

① ガイドラインでは本人ごとに「意思決定支援責任者」を置くとされているため、意思決定支援責任者が中心となって、ファシリテーションを意識したチーム形成を考えていく必要があります。

② 意思決定の主体、すなわち最終的な意思決定者はあくまでも本人ですので、本人が会議に参加している必要があります。

③ 本人にとってのキーパーソン、あるいはアドボケイトと呼ばれる、本人が信頼を寄せる人、そばにいると安心できる人、当該意思決定について中心的に関与する人をできる限り本人の意向を踏まえて選定します。例えば、友人、家族、機関職員、後見人等が候補者として挙げられますが、本人との関係性によって誰がこの立場になるかはケースバイケースとなるでしょう。この立場の人は、本人の意思の形成、表明、実現を促しつつ、必要に応じて本人の意向を代弁する役割を担うことが期待されています。

＜周辺メンバー＞

　テーマとなる意思決定の内容に応じて、ほかのメンバーに適宜声掛けをしましょう。

① 本人の身近にいる人々（家族・親族、友人、ボランティア等）

② 福祉サービス、医療サービス提供者など、いわゆる専門分野・領域に長けた人々（ヘルパー・施設職員・保健師・看護師・医師・言語聴覚士等）

③ 地域社会で活動している人々（大家・近隣住民・自治会メンバー・社会福祉協議会職員・NPO 職員・不動産業者・旅行業者等）

② 意思決定支援の基本原則の確認

　できる限り、事前に本ガイドラインについて学ぶ機会を設け、支援者相互において、意思決定支援の目的や手順を確認し合うことが重要です。意思決定支援会議では、本人の意思決定のための最適な環境（ベストチャンス）を確保できているか（これまでにできていたか）を吟味することになるため、会議のときだけでなく、会議ごとの取り組みも重要といえます。

③ 会議の目的とルールの確認

　本人の意思決定における最適な環境づくりを図るためには、会議の目的を達成するために必要な「会議ルール」を設定し、参加者に守ってもらう必要があります。例えば「支援者の価値観を押しつけない」「専門用語を使わない」といったルール設定をあらかじめすることによって、参加者がそれを意識して発言をするようになり、あるいは発言内容がルールにそぐわない場合に意思決定支援責任者が介入しやすくなる効果もあると考えられます。

④ 参加者の役割分担

　意思決定支援会議では、言うまでもなく、本人が主役です。例えば、会議で本人にとって進行が速すぎると感じたときに、参加者が「少し待ってもらえますか？」とファシリテーターに指摘するなど、本人が会議に実質的に参加するための合理的配慮を積極的に行っていくことが必要です。もっとも、本人が信頼を寄せるキーパーソンがいない場合も現実にはありうることです。その場合でも、意思決定支援責任者としては、「本人のアドボケイト」役（本人の存在・声を大きくするための存在として振る舞う者。本人視点から会議を見たときに出てくる「突っ込み」を行う者）を参加者のなかからあえて選定し、会議の間はその役割に徹してもらい、ほかの参加者もその役割を尊重するよう促すことも考えられます。

　なお、意思決定支援責任者がファシリテーターとアドボケイト役を一緒に行うことはできる限り避けたほうがよいでしょう。なぜなら、前者は中立性が重要とされる存在であるのに対し、後者は本人の立場にとことん立つ存在であり、その役割が異なるからです。

⑤ 合理的配慮事項の確認

　本人が意思決定を行うことのできる最適な環境（ベストチャンス）を提供するためには、

本人にとって安心できる場所や適切な時間帯を考慮し、本人にとって円滑なコミュニケーション方法等についても支援者間で確認をしておくことが重要です。例えば、本人が緊張しやすいタイプであれば、何か本人が好きなもの、興味をもつものや話題を取り入れられないか？　本人の信頼している人を会議に招くことができないか？　本人にとって安らげる空間は？　といった点を考え、会議の場の設定に反映させることが望ましいと思われます。

ほかにも、以下のような方法が考えられますが、本人の個性と状態に合わせて自由にカスタマイズしていく柔軟な発想が求められます。

- 本人が考えるために十分な時間を確保できるよう、参加者が本人の回答を「待つ」ことができるよう働きかける。
- シンプルな選択肢の提示（いくつかの条件に分岐する場合には、Yes／Noでフローに落とし込むなどの工夫）の方法について確認しておく。支援者の勧めたい情報（メリット）だけではなく、その選択肢のデメリットも含めて提供するように心がける。
- 平易な言葉遣い、本人の得意とするコミュニケーション方法（視線・指づかい等）を活かしたやりとりを共有しておく。
- バランスシート（選択肢とメリット・デメリットを表にしたもの）を本人と支援者が一緒に作成してみる。

図4-4　本ガイドラインモデル研修における映像教材

● トーキングマットなどの意思決定支援ツールの活用を試みる。

　なお、意思決定支援会議の進行手法や会議外での本人面談等の方法については、厚生労働科学研究費補助金「障害者の意思決定支援の効果に関する研究班」が制作した「映像で学ぶ～高次脳機能障害・失語症のある青木さんのストーリー～」において詳細に解説を行っています。本ガイドラインのモデル研修案の一部として制作され、グループディスカッションの題材に用いられることが想定されています。同研究報告についてはWebサイト[2]から閲覧可能ですので、ぜひ参照してみてください。

2　厚生労働科学研究成果データベース https://mhlw-grants.niph.go.jp/niph/search/NIDD00.do?resrchNum=201817008A

第5章 意思決定支援における相談支援専門員や介護支援専門員の役割

1 公的福祉に偏重したサービス提供の限界

　日本においてはこれまで、高齢者、障害者、子ども、生活困窮者など、縦割りの法制度に基づいて福祉施策の拡充が図られてきました。しかし、いくら法律ごと、対象の分野ごとに福祉施策の拡充を図っても埋められない問題が散見されるようになってきています。また、そうした施策を展開するための財政的な負担も限界を迎えているとの指摘があります。

　人口の減少とともに高齢化が進み、産業構造が変わるなかで、縦割りの法制度に基づく施策が拡充しても、そのことがかえってさまざまな狭間をつくり出してもいます。パッチワーク的な公的福祉サービスの拡充では、もはや限界を迎えようとしています。言葉を換えれば、公的福祉サービスだけで社会保障を維持していくモデルは通用しない時代になっているのです。

　一方で、大きな社会環境の変化により、地域で孤立してしまいがちな人たちも多くなりました。このことは、人々のつながりの変化を意味しています。孤独死の問題や引きこもり、児童相談所や障害者施設の建設反対などにみられるように、人々のつながりが希薄になることで、社会的排除や差別などが社会の大きな問題となっています。

　子どもの虐待や貧困の問題も同様だといわれています。以前であれば、何らかの理由で親が育てられない子どもがいれば、親代わりになる親戚や縁者がいたのでしょうが、現在は難しい状況にあります。

　現在は、縦割りの法制度に基づく公的福祉に偏重したサービス提供に終わりを告げ、社会全体で包括的に支援していく仕組みが求められています。例えば、80歳代の親と働いていない50歳代の子どもが同居する生活困窮の世帯を指す「8050」、近くに地縁血縁などのつながりがなく、介護と育児を同時に担わなければならないことで生活苦を抱えるダブルケア世帯などが増えています。これらのケースは、従来の縦割りによる福祉行政では対処が困難な社会問題と考えられます。

このような背景を踏まえ、2018年に社会福祉法が改正され、「地域共生社会」が日本の福祉における大きな目標となりました。これは、高齢者、障害者、子ども、生活困窮者など、対象や分野を超えた地域づくりを旗印に、公的なサービスだけに偏重せず、社会福祉全体の底上げを目指すというものです。

　財源や働き手の不足だけでなく、人々の暮らしの変容に対しても目を向ける必要性が生じています。高齢者や障害者、子どもなどの援助が必要な人たちの生活を、公的なサービスだけで支えることには非常に無理がありますし、援助が必要な人たちのスティグマを生み出しやすくもなります。近隣とのつきあいを断ったような独居の高齢者は増え続け、精神的な病気やアルコール依存などの問題を誘発し、公的福祉サービスを過剰に拡充しても、長い老後生活における人々の孤独や疎外感を解消することはできないのではないでしょうか。

　生活上の問題解決の方法を試験問題に置き換えるならば、マークシート方式（公的サービス）で答えを探すのではなく、記述式の試験問題（社会にあるすべての資源）として考え、答えも一つだけではない可能性を考慮しながら検討することが大切です。

　家族や地域社会が担ってきた機能のなかに、公的な制度だけでは代替できないものがあることは以前から指摘されていました。地域の力や人々の結びつきだけに問題解決を期待することはできません。したがって、私たち福祉専門職は、このような状況と真正面から向き合い、どのように乗り越えていくべきかを考え、これまで行ってこなかった方法によるイマジネーション豊かな援助を実践する時期を迎えています。

2　提供すべきサービスの質と量の拡充

　地域共生社会を目的とした大きな流れを踏まえつつ、日々の実践を次なるステップに押し上げることが、私たち福祉専門職の責務といえます。これ以降は特に、相談支援専門員や介護支援専門員のような相談援助職を想定し、ケアマネジメントの技法を使いながら、相談者のニーズを具体的なサービスに結びつける視点について述べます。

　公的福祉サービスを利用するにあたっては、「措置」から「契約」へと制度が移行したことにより、自分自身が希望する生活に合わせてサービスを利用することが保障されるようになりました。高齢福祉分野では2000年からの介護保険制度、障害福祉分野においては2003年からの支援費制度により、公的福祉サービスの利用は「契約」が前提となっています。

　この制度移行は、ある程度自分で意思表示できる人たちや、公的福祉サービスで充当できるニーズを有した人たちには、大きな効果があったということができます。つまり、生活上の問題解決をマークシート方式の試験問題に置き換えるならば、選択肢（公的サービス）のなかから答えを見つけられる人たちの支援には有効だったかもしれません。しかし、

人々の生活は多様であり、マークシート方式の解答欄に選択肢をいくら増やしても答えが見つからず、問題解決に至らない人たちも多くいるのも事実です。

そのため、社会福祉法人だけではなく、特定非営利活動法人や株式会社など、多様な団体・事業者が福祉サービスを提供できる環境を整えるに至りました。これにより、サービスの量と質の向上は格段の広がりをみせるようになりました。

3 相談者と相談援助職との関係性

地方に出かけると、「私たちの地域は田舎なので、社会資源が乏しいのです」と諦めている人たちと出会います。地方の状況は本当に多様です。多様だからこそ、国が全国一律の制度をつくって推進するだけでは済まない時代を迎えていると指摘されてもいます。

地域づくりの重要性を関係者が共有し、地域の状況に応じて力を合わせ、主体的に活動していくことが求められます。地域包括ケアが目指すべき社会の実現は、待ったなしの状況といえるのではないでしょうか。

意思決定支援のあり方も個人と同様に、地域の特性を強みに変えて展開されることが期待されます。ないものねだりや隣の芝生の青さばかりを強調せず、個人と地域の可能性を信じながら、この問題を考えたいものです。

そこで重要となるのが、相談援助職と相談者との関係性の構築です。相談者が抱えている問題が非常に複雑な場合などは、対話型（寄り添い型、伴走型）支援により、十分に時間をかけて支援を進めていくことが大切です。それにより、相談者は、自分が決して一人ではなく、誰かに支えられ必要とされているということを実感するはずです。

相談援助職が定期的に対話を繰り返しながら、相談者のペースで、相談者が大事にしている価値を共有することで関係性が強化されます。そして、問題を抱えながらも自発的に前向きに生きていくことに意味が生じてきます。

人の生活には多かれ少なかれ問題がつきまといます。病気のことやお金のこと、老後への不安などさまざまで、多種多様です。しかし人は、さまざまな問題を抱えながらも、どこかで折り合いをつけて生きていくものです。その折り合いをつけていくことに、相談援助職は寄り添い、伴走しながら、その人の生活を支えていくことになります。抱えている問題をすべて解決することだけが責務ではないはずです。

4 総合相談や基本相談の重要性

公的なサービスを拡充することに異議は唱えません。しかし、今までのような拡大と拡

充だけを目指した取り組みだけでは、量と質の両面からも限界が見えています。そこで、縦割りの法制度に基づく公的福祉に偏重したサービス提供から脱却するためには、障害福祉分野における「基本相談」、また、高齢福祉分野での「総合相談」のあり方がとても重要となります。

　高齢福祉分野では、地域包括支援センターの住民への周知が進んだことで、公的なサービスや住民だけでは解決できない問題についての相談がたくさん報告されるようになりました。地域で起こっているさまざまな問題が地域包括支援センターに持ち込まれ、公的なサービス（介護保険サービス）だけでは解決への道筋が見つけられないため、このことに真正面から向き合っている地域包括支援センターにおいては悩ましい日々が続いています。

　一方、障害福祉分野においては計画相談の支援が進められたことにより、「基本相談」の実践がおざなりになりつつあります。障害福祉分野では以前から、「福祉サービスありき」ではなく、利用者の話を十分に聞き取り、基本相談を基盤とした相談を大切にしてきました。しかし、計画相談が開始されて以降の実態としては、基本相談に時間や労力を割いていると事業所の運営が成り立ちにくく、計画相談の数を優先した動きになりやすいことが報告されています。主に委託の相談支援事業所が中心となり展開されてきた「基本相談」がおざなりな状況になりつつある、というのが実態のようです。

　どんな相談を受けても、相談支援専門員が最初に公的福祉サービスをイメージしながら受け応えしてしまい、いきなり公的福祉サービスの利用を提案するようでは質の高い相談とはいえないでしょう。

　障害のある人からの「結婚したいのですが……」という相談に対して、「では、B型事業所に通いましょうか」と答えた相談支援専門員がいたようです。これは残念ながら実際にあった話です。

　なぜ結婚したいという相談に来たのか、主訴の裏側にある背景やこれまでの経過など、丁寧に相談者の話に耳を傾け、必要なアセスメントを行ってから、サービスの話になることが本来の姿のはずです。しかし、相談者の話をろくろく聞かず、就労継続支援B型事業所に行けば仲間ができて結婚できるのではないかと、安易にサービスとのマッチングを図ったのでは何の意味もありません。

　相談者は結婚に何を求めていて、その伴侶とどのように人生を歩みたいのか、相談支援専門員は本人との関係性を軸に丁寧に確認する必要があります。利用者の支援の土台となる情報や関係性もないまま単にサービスを紹介、斡旋するだけでは、質の高い相談援助とはいえません。利用者が有するさまざまなニーズを明確にするために、受容や傾聴といった面接の技術を習得することも大切です。

　また、相談支援専門員自身が提供できるサービスを狭くとらえず、公的福祉サービスの限界をいつも視野に入れることも重要です。制度のなかに位置づけられた相談支援専門員や介護支援専門員は、相談に行き詰まると、本人を誘導して公的福祉サービスに結びつけがちです。総合相談であれ、基本相談であれ、公的福祉サービスへの偏重に陥らないように、丁寧に時間をかけて相談を行うことが意思決定支援への第一歩となることでしょう。

5 たとえ話から考える

　人は自分のニーズや嗜好などにより買い物をします。「福祉サービスの選択」という行為がこの「買い物」とほぼ同じだと仮定すると、私たち相談支援専門員や介護支援専門員は、「買い物」の手伝いをしていることになります。
　少したとえ話が飛躍しすぎているかもしれませんが、以下にいくつかの意思決定につながる相談のあり方をイメージしてまとめてみました。

> 【場面❶】
> 　相談者は買うものをしっかり見定め、買いたいものが置いてあるであろう店に来た。相談援助職が「どのような商品がお入用ですか」とたずねると、「これが欲しいです」と、相談者はハッキリ答えた。
> 　相談援助職が「それでは、後日ご自宅にお届けいたします」と答えると、相談者は届いても使えるかどうかわからないと言った。また、自宅が狭いので搬入できるかもわからないとのことであった。

　場面❶の場合に相談援助職は、商品（サービス）を本人がうまく使えるか、また使える環境にあるかといった点だけを援助すればよいことになります。定型化された計画を基本に相談者の意思は表出されているので、そのオーダーに基づいて援助を続ければよいことになります。
　商品を買うことや意思決定することに支援はほとんど不要であれば、援助者の人数も一人でよいかもしれません。また、援助者による援助内容も、商品を使う（サービスを利用する）ための説明程度で完結することになるでしょう。
　私たち相談支援専門員や介護支援専門員は、相談に来る人たちのなかには、意思決定に支援が必要でない人が多くいることを忘れてはなりません。

> 【場面❷】
> 　相談者は買いたいものがハッキリはしないが、とりあえず店にやってきた。「どのような商品がお入用ですか」と、いつものように相談援助職はたずねた。
> 　「私はたぶん、あなたの店にある商品を買うことで、私らしく生きられるのでしょうが、何を買えばいいのでしょうか？」
> 　「承知いたしました。少しお時間をいただきますが、あなたのペースに合わせてご説明いたします。また、試用もできますので、遠慮なくお申し付けください」と答えた。

　場面❷というのは、相談者が自分のニーズや選好をある程度自覚はしているものの、ま

だ迷っていたり、気づいていない部分があったりする状態です。相談援助職は、商品（サービス）に関する説明や試用をすすめることで、必要なものかどうかの判断基準を相談者に伝えていくことになります。

　相談者は意思決定をすることに誰かの支援が必要であることには気づいているので、動機づけや事前の準備もあまり多くは必要でないかもしれません。ただし、相談者のなかには気が短い人もいれば、長い人もいます。また、性能より見た目重視など、相談者の意向はそれぞれです。そのため、場面❶よりは相談に要する時間や労力は確実にかかることになり、援助者の人数も複数になることが見込まれます。

　援助方法も、対話型（寄り添い型、伴走型）で進めることが重要となります。対話型（寄り添い型、伴走型）支援では、「目標」という言葉だけでゴール設定するのではなく、本人の夢や希望、実現したい暮らしぶりを共有し、それらを少しずつ実現していく進め方（プロセス）を大切にします。

　また、ストレングスや心の糧[1]など、相談者が人生の何に価値を見出しているのかを推測していくことになります。したがって、ケアプランなどの計画をつくる際には単純に「目標」という言葉を使うのではなく、「本人にとって意味ある生活」などの言葉で表現し、課題感をもたせないことも有用かもしれません。

【場面❸】
　相談者は自分がなぜこの店にいるのかわかっていない。相談援助職はいつものように「どのような商品がお入用ですか」とたずねた。
　「申し訳ありませんが、私は何が欲しくてこの店にいるのかわからないのです。周りの仲間から『行け、行け』と言われたので、とにかくこの店に来ました。とりあえず、全部の商品を見せてもらえますか」
　「これまでは一人でご苦労されましたね」と相談援助職は相談者の気持ちを受け止めた。相談者の目をしっかりと見つめ、とても優しい笑顔であった。しばらく忘れていた、人に対する安心を感じた。相談者は、買いたいものは見つからなかったものの、ホッとすくわれた気持ちになった。
　相談援助職はすべての商品を見せたが、そのなかに買いたい商品はないとのこと。そこで、「それでは商店街で売っているすべての商品が載ったカタログをご覧になりますか。それともすべての店主を呼びましょうか」と相談援助職はたずねた。

　場面❸の場合、相談者は自分のニーズや選好が何であるかわからない状態にあります。わからない原因は相談者が抱える疾病や障害によるものなのか、個人の性格によるものな

1　心の糧とは、その人にとって能動的に毎日の生活のなかで大事にしていることや習慣（例えばジョギング、ガーデニング、読書など）。他者から制限されたり取り上げられたりすると生活に対する意欲が低減する。

のか、また、環境からの影響（他者から指示されて）によるものなのか、きちんと精査することが重要です。

　疾病や障害などが原因の場合には、個人の力だけでは解決しにくく、専門性を有した援助者がかかわることが一般的になります。また、相談者の性格や環境に起因している場合には、専門性を有した援助者だけではなく、家族や友人、社会資源など、社会全体が援助者になり得る可能性があります。そのため、場面❸以上に援助方法は多様であるといっても過言ではありません。

　また、相談や援助に要する時間と労力は場面❶❷よりも確実にかかることになり、さまざまな属性をもった複数の援助者がかかわることが見込まれます。援助方法は場面❷と同様で、対話型（寄り添い型、伴走型）支援によって進められ、失敗の回数は増えるかもしれませんが根気強くかかわることが求められます。

　したがって場面❸のような場合には、実践の場面では一人の援助者の限界を認め、早期に意思決定プロセスのためのチームづくりを行うことが有用です。まさに意思決定を支援するための環境整備が強く求められます。

　意思決定を支援するためのチームの構成メンバーはそれぞれの責任において、求められる責任に応えるように努力します。さらには、ストレングスや心の糧など、相談者が人生の何に価値を見出しているのかを推測していくことは、場面❷との違いはありません。

　ただし、本人にとって意味ある生活を設定することはすべての人に当てはまるわけではありません。本人にとって意味ある生活がイメージできないままに、推測や予測で支援が進んでいくことも想定されます。

　疾病や障害の状態が重く、相談者が精一杯の意思を表出していても周りの関係者は意思を読み取りにくいことはままあります。生活上のさまざまな場面でみせる表情や微かな声、身体の緊張、ほんの少しの指先の動きなどから、相談支援専門員や介護支援専門員は感性を磨き、推測や推定を図ります。

　そこで重要になるのは、相談者との関係性の構築です。場面❸の相談者は、相談援助職の対応や言動を受けて「ホッとした」と述べています。この場面では問題の解決には至っていませんが、相談援助職がこれまでの不安を言葉にして受け止めたことにより、相談者は安心感を得ています。これは、その後の信頼関係につながる、とても重要な援助技術といえます。

　人々の生活は決して一様ではなく、本人にとって意味ある生活を自分自身で確立するまでのプロセスは人それぞれです。18歳ですでに自分にとって意味ある生活がイメージできる人もいれば、80歳を過ぎてもなお不明だという人がいてもおかしくありません。すべてが肯定されるべき事柄を含んだ概念だと考えられます。本人にとって意味ある生活が何度も変わることや、昨日決めたことが今日変わったとしても、それらはすべて許容されるべきことなのです。

　対話型（寄り添い型、伴走型）支援の重要性が高まるなか、こうした人としての生き方を尊重することは、意思決定支援にとどまらず、すべての支援場面においても中心となります。

以上、さまざまな想定場面から意思決定支援を考えてきましたが、それでもなお相談者の意思がわからなかったり、難しかったりする場合があります。そのような場合には、代行決定のためのチームづくりが必要となります。

6　相談援助職を支援する必要性

　相談援助職は日々の実践のなかで行き詰まると、相談者本人を誘導するような支援に陥りやすくなります。具体的には、相談者のニーズに対して明確な根拠もないままに、自分が知っていて活用できる範囲の公的福祉サービスだけにつなげてしまおうとしてしまいがちです。これは新人で経験の浅い相談援助職だけではなく、腕の立つベテランであっても八方ふさがりの状態になると陥る可能性が強くなります。

　このようなときに有効となるものはスーパービジョンやコーチングなど、人材育成につながる方法論です。また、さまざまなアドバイスをくれたり、一緒に悩んでくれたりする同僚や上司の存在なども非常に大きな意味をもちます。

　自分の支援がうまくいっていない場合や、相談者に自分の考えを押しつけてしまったのではないかと後悔の気持ちになるときなどは、一人で悩まずにスーパービジョンを受けるとよいでしょう。その結果、気づきを得て行動変容が起こり、相談者との関係性が変わり、最終的には相談者の行動変容が起こることでよい方向へ向かうことになれば、質の高い支援につながります。

　すでに述べたように、相談を丁寧かつねばり強く行っていくことが意思決定支援につながるのだとすると、その活動を支える仲間や場づくりなどの実践環境の整備をすることもまた、重要なことだと考えられます。スーパービジョンを実務のなかに位置づけ、定期的に繰り返し行うことで、意思決定支援につながる基盤が整うのではないでしょうか。

参考文献
・猪飼周平『生活支援の質的転換の「前夜」』（草稿、2019年）
・ブレンダ・デュボワ、カーラ・K・マイリー／北島英治監訳『ソーシャルワーク　人々をエンパワメントする専門職』（明石書店、2017年）
・小澤温監／埼玉県相談支援専門員協会編『相談支援専門員のためのストレングスモデルに基づく障害者ケアマネジメントマニュアル』（中央法規出版、2015年）
・チャールズ・A・ラップ、リチャード・J・ゴスチャ／田中英樹監訳『ストレングスモデル［第3版］』（金剛出版、2014年）
・菊池馨実（早稲田大学）「これからの日本の社会保障について～社会保障と持続可能性～」（研修会資料、2018年）

第6章 事例から考える意思決定支援の実際

　第6章では、意思決定支援をめぐる具体的な実践事例を7ケース紹介します。
　事例に登場する利用者本人は、30歳代から90歳代までの多様な年代の人たちであり、認知症や知的障害、統合失調症など、それぞれが病気や障害を抱えています。この章では、その人たちの意思の形成と決定に専門職としてどのようにかかわり、支援していくのかについて、事例を通じて解き明かしていきます。
　7ケースとも、次のような流れで事例を構成しています。

---

①事例の概要（基本情報／家族関係図／社会関係図）
　↓
②支援の始まりと経過
　↓
③意思決定に支援が必要な場面
　↓
④その後の支援

　事例の途中には［ここがポイント］という項目があります。この項目は、事例にかかわった相談支援専門員や介護支援専門員の着眼点になります。
　本人や家族からどのように情報を聞き取ったか、支援を行ううえで壁になったことは何か、本人や関係者が多角的に議論・検討する場をどのようにつくったかなど、具体的な視点と方法を示しています。
　また、事例の最後には［この事例の「ここに」注目してください！］と題する項目を設けています。これは、本書の編著者3名による事例に対するコメントであり、読者へのメッセージです。
　この事例のなかで、相談支援専門員や介護支援専門員の実践としてすぐれている点はどこか、実際の支援場面で活かすべき具体策は何か、などを示しています。
　なお、事例に登場する人物の名前はすべて仮名です。

一人暮らしの応援支援

Case 1　急な生活の変化に戸惑う統合失調症のある淳さんとともにどこでどう暮らすかを考える

1　事例の概要

● 基本情報

氏名（性別）・年齢　鈴木淳（男性）・65歳
家族構成　母親（90歳）との二人暮らし
生活環境　自宅（持ち家／淳さん名義）
意思疎通の状態

統合失調症による症状が影響し、気分の波はあるが、日常生活における意思決定場面での支援は必要ない。しかし、将来に向けた生活設計や財産管理など、生活上の重要な事案についての意思決定には不安をもっており、支援を希望している。

● 家族関係図（ジェノグラム）

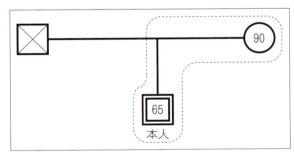

● 社会関係図（エコマップ）

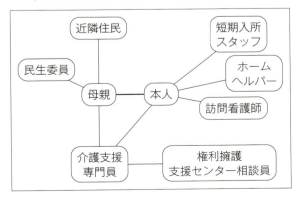

② 支援の始まりと経過

● 支援の始まり

　淳さんは1歳のときから現在まで母親と二人暮らしで、穏やかな生活を続けていた。

　そんなある日のこと、母親が自宅で倒れ、緊急入院となった。その際、近隣住民や民生委員が救急車を呼ぶなどの対応をしたが、息子である淳さんは何もせず、テレビを見ていた。

　そのため、近隣住民は不安や不満を感じるに至った。具体的には、淳さんが母親の面倒を見られないこと、また、淳さん自身にも何らかの支援が必要であることを、母親を受け持つ介護支援専門員に訴えた。

　近隣住民の情報では、高齢になる母親がこれまで、この世帯のすべての生活をまかなっており、淳さん一人では生活できないだろうとのことであった。

　淳さんが介護保険の対象ではある。しかし、精神疾患があるために淳さん自身の意思や将来への希望などがうまく把握できず、母親の介護支援専門員は淳さんの支援の方針を立てることができなかった。

　介護支援専門員は淳さんの今後を一人で決めるには荷が重すぎると考え、誰かが決めてくれないだろうかと悩んでいた。そうしたとき、地元にある社会福祉協議会の権利擁護支援センターが成年後見に関する情報をもっていると聞き、相談することにした。

　権利擁護支援センターでは、成年後見制度の利用対象者だけではなく、そこに至るまでの幅広い相談を受け付けており、母親や淳さん自身の意思確認を関係者で協力しながら行っていくことを確認した。

● 支援の経過

　近隣住民の情報をもとに、介護支援専門員は、淳さんに高齢者施設の短期入所を2週間ほど利用してもらいながら、生活能力のアセスメントを行った。その結果、家事援助等の支援が確保されれば、母親が入院していても一人暮らしの継続は可能ではないかとの感触をもった。

　一方で、主治医は淳さんの施設入所を勧めた。淳さんの自宅での生活は母親と同居しているから可能なのであり、一人暮らしになった場合にはこれだけの危険性があると、具体的にリスク要因を指摘したのである。

　主治医からの意見も大切だと考えられたが、関係者による会議で検討した結果、淳さん自身の意思をもう少し丁寧に探ることが重要であるとの結論に至った。

　2週間ほどの短期入所の利用後、ホームヘルパーと訪問看護師が自宅に派遣され、淳さんの一人暮らしを試みることとなった。しかし、ホームヘルパーがつくる食事以外に、淳さんは自分で弁当を購入し、間食などをした。そのため、短期入所利用時に減らした体重（5kg）がおよそ2週間で戻ってしまい、さらに5kgほど増加させてしまった。また、糖尿病の検査値も一段と悪化させてしまい、短期入所中にやめていたタバコも再び吸うよう

になった。

一方、母親も「息子と二人で住んでいた自宅に早く帰りたい」と見舞い客にもらすなど、淳さんのことを心配しており、退院への強い意欲をもっていた。

しかし、母親は入院して4週間目に容態が急変し、入院期間が長期化するとともに、回復しても後遺症が残る可能性が高く、入院前のような親子二人での生活は難しい状況になってしまった。

淳さんの変化（母親の急変から、およそ2か月後）

淳さんの言動などに変化はない。

自分の生活環境が大きく変わってしまったことについて、戸惑いがあることは複数の関係者からの情報で推測ができる。

ただし、淳さんに情報を伝えることや意思決定にかかる時間の確保が淳さんのペースになっておらず、この時点での意思決定を促しても難しいものと思われる。

ここがポイント❶

淳さんの生活環境は突然大きく変わってしまいました。

そのため、淳さんの意思を十分に確認するだけの時間的な余裕がなく、介護支援専門員は暫定的な対応に追われました。また、世帯全体が支援対象となってしまったために、介護支援専門員の余裕もなくなり、一人の支援者の限界がうかがわれます。

意思決定支援の視点からは、周辺情報を集めて検討した最善の利益だけを優先させず、淳さん自身の意思に対して目を向ける必要があります。

③ 意思決定に支援が必要な場面

●「困った！ 淳さんの居所の設定について、支援者だけで決められない!?」

介護支援専門員と権利擁護支援センターの相談員は、高齢者施設に淳さんを訪問し、今後の生活に対する意向や希望などを確認した。

「家に帰りたい。ここ（施設）の食事は少ないから」

「食事が少なくなければ、ここで生活してもいいよ」

など、どこで生活していきたいかの明確で一貫性のある意思表示はなされなかった。

また、関係のある人たちからは、それぞれの考えを次のように聞くことができた。

介護支援専門員の意見	● 淳さんは糖尿病の状態が悪く、食事制限が必要である。 ● 自宅にいると一日中タバコを吸っており、火の始末に非常に危険性を感じている。 ● 入所施設やサービス付き高齢者向け住宅など、介護を利用しやすい自宅以外の環境への転居を勧めたい。
複数の近隣住民の意見	● 母親が元気な頃はよくお茶をして楽しくおつきあいさせていただいていた。 ● 母親の介護をする気がない息子に腹が立っている。母親にはこれまで、たくさんよくしてもらったので、帰ってきてほしいが、息子は受け入れがたい。 ● 火事でも出されたらかなわないので、施設に入れるべきだと思う。
民生委員の意見	● 親子の結びつきがとても強いご家庭です。 ● お母さんが女手一つで息子さんを育ててこられ、お母さんはご自宅をとても大切にされており、「自分の人生の結晶よ」と住宅ローンが完済されたときに話されていました。 ● 息子さんがどこで暮らしたらよいかはわかりませんが、少なくとも鈴木さんたちにとってご自宅はとても大切な財産ですし、簡単に他人が意見を言える話ではないと思います。
権利擁護支援センター相談員の意見	● 淳さんのこれまでの生活歴を見ると、環境さえ整えば、どこに住み続けたいかは決められるように思う。 ● これまでは、面談室などの限られた場所で言葉による問いかけをしていたので、お母さんとの生活を思い出せる自宅で、昔の写真などを眺めながら将来への希望を問いかけてみたい。

ここがポイント❷

　淳さんの家庭はたくさんの支援者となり得る人たちから、情報や意見を入手できる環境にあります。

　権利擁護支援センターの相談員によるアドバイスを受けながら、介護支援専門員は淳さんの意思決定を支援していくための会議を開催しました。その結果、上記のような意見を参考に支援方針の見直しが必要であることに気づきました。

　特に、淳さん自身から、将来の生活に対する希望などを丁寧に聞き取る機会が少なかったことを重く考え、関係者が協力し合いながらそれぞれの立場を活かし、もう少し時間をかけた取り組みができる可能性を発見しました。

● **本人の言葉や意思の表れ**

　意思決定を支援していくための会議を経て、関係者によるかかわりに変化が生じ、淳さん自身の意思がうかがえる言動が顕著になった。

> ①　「おっかあ（母親）のことは心配。でも、何をどうしたらよいかわからない」「おっかあの面会に行きたい」といってイライラする様子がみられた。
> ②　「近所のやつはいつもガミガミ言ってくるので嫌い」。近隣のすべての人に対してではないが、近隣住民への遠慮がみられた。
> ③　「今のところ（短期入所中の施設）は、食事をこれっぽっちしかくれない。腹が減る」（糖尿病食）。「ここは嫌いじゃないけど、早く家に帰りたい」と現状の生活環境に対して、不満を口にするようになる。

● **仮説・見立て**

　淳さん自身がどこで生活を継続したいかの意思がもてていない状態にあるのではないだろうか。

　自己決定を行うための情報や環境が整備されていない可能性が高いので、意思決定を行う「能力がない」と短絡的な判断をせず、自己決定ができることを前提にした取り組みを行った。

ステップ①＜代替案の検討＞

　本人に能力がないと結論づける前に、淳さんが自己決定をできるように、できるだけの支援や代替案の検討を行っただろうか。
　（例えばよりわかりやすい形での情報提供（写真、音声、映像）や、本人がより緊張しない場所・人・時間帯などを工夫する）

事例から考える意思決定支援の実際

権利擁護支援センターを中心に関係者による検討が行われた。
- 母親の急変により、高齢者施設の短期入所の利用が始まったので、淳さんにとっては選択肢を十分に考える時間が欠如していたのではないか。
- 病状の安定性や性格的なものを考慮した環境で将来のことを考える機会をつくるべきではないか。

以上のような意見を考慮し、淳さんと介護支援専門員が一度自宅に戻り、自宅で面談を行った。また、母親との写真などを眺めながら過去の話を聞かせてもらい、以前もっていた生活への希望や夢を聞いてみた。

ステップ②＜意思決定に必要な支援＞

単に賢明でない判断をするというだけで、能力がないとはみなされない。必要な人に自分の意見を言うことができず、母親への思いはあるものの、うまく表現できないのではないか。

「おっかあのことは心配。でも、何をどうしたらよいかわからない」「おっかあの面会に行きたい」などの発言があり、近所の人が想像する淳さんの母親に対する思いとのずれを確認した。

母親へのいたわりの気持ちがあるものの、うまく表現できていないことがわかった。また、母親との同居を強く希望していることがわかった。

ステップ③＜意思決定アセスメント＞

会議では、淳さんが自分の置かれている状況を正しく理解していないのではないかという、近隣住民からの意見もあった。

しかし現時点では、本人に判断する能力がないと明確にいえる理由は乏しかった。逆に決められるのではないかという変化がみられていることを重く考え、どのような支援があれば自ら意思決定できるかの再度の検討が必要という結論に至った。

ステップ④＜支援方針の決定＞

「おっかあと旅行に行ったな」「もう、一緒に旅行へは行けないかなあ」など、どのような生活をしたいかは、うっすらとイメージしているような言動もあった。

「ヘルパーさんなど、有償だけど介助者をつければ実現できるかもね」という介護支援専門員からの言葉に満面の笑顔を浮かべた。

以上のような情報が確認されたため、意思決定を支援していくための会議で、淳さんは代理代行決定を行う段階にはないと判断した。

淳さんのペースで時間をかけた取り組みを行うことで、意思決定を支援することとした。

● **意思決定支援にかかる具体的なアイデアや取り組み例**

　上記の変化を受けて、関係者による再度の意思決定を支援していくための会議が行われ、以下のような具体的な取り組みが始まった。

> ❶　連携による質の向上と継続性の強化を目指し、それぞれの強みを活かし、本人が自ら意思決定できるように支援する。「持ち家」「母親と隣人の関係性」などは、強みと考えた。
> ❷　必要な情報や支援をタイムリーに得るためのメンバーを調整する。意思決定を支援していくための会議のもち方を工夫する。急いで意思決定を促すものと時間をかけるものを整理し、役割分担も意識した。
> ❸　支援チームの強化に欠かせないキーマンやポイント（課題）を把握しながら進める。
> ❹　支援の可能性や方向性を限定していく議論ではなく、広げていく議論とする。

【具体例】
❶　淳さんと一度自宅に戻り、自宅で面談を行う（母親との写真などを眺めながら過去の話を聞かせてもらう）。
❷　隣人や民生委員などを自宅に招き、茶話会を開いて交流の場を設けることで、関係性の変化を期待する。
❸　淳さんが一人で生活できる環境（ホームヘルパー派遣や隣人による見守りなど）をつくり出せないか、関係者全員が検討し、今以上の環境をつくり出すアイデアを出し合う。
❹　新たな支援者が生まれるように自治会行事に参加を促し、近隣との関係性を再構築する。

淳さんの変化（母親の急変から、およそ3か月後）

淳さんの言動などに、変化が現れた。

母親の入院先への見舞いが決まると、自分で近所のスーパーに行き、母親への見舞いの品（母親の好きな和菓子）を購入してくることがあった。和菓子の賞味期限などから実際の見舞いの品とはならなかったが、自発的な行動が現れ始めた。また、「入所はしたくない」という言葉がポツリと出て、短期入所先へは行きたくないとの意思を表出し始めた。

自宅の玄関前でタバコを吸い、近隣の人と挨拶や会話をすることがあった。理由を聞くと、「おっかあがいないので暇だ」とのこと。淳さんの一番の希望は母親との暮らしを続けることだと推測できた。

ここがポイント❸

公的なサービスである短期入所期間の制限や母親の病気などの影響を受け、介護支援専門員を中心とした関係者が淳さんの意思決定を急がせてしまっていたのではないでしょうか。意思決定を支援するうえでは、時間軸を意識し、すぐに決めなければならないことと先送りをすることを整理し、意思を醸成させる時間の確保も重要となります。

利用者自身と関係者が繰り返し多角的に検討する場や機会をつくり出し、利用者のペースに合わせることで意思が表明されたり、醸成されることもあります。そうした意思決定支援の場面においては、利用者が自己決定できる環境や時間をつくり出し、他者の影響を受けながら決定を下すことになるはずです。

人それぞれが大切にしているものを最大限尊重するには、十分な時間と情報などの環境を整えていくことがとても大切になります。

④ その後の支援

● 居住設定のための支援の終了（母親の急変から、およそ5か月後）

母親は病院での治療を終えて、介護老人保健施設でのリハビリテーションを続けている。そのため、淳さんは自宅で一人暮らしをしている。

自宅での生活を続けることで想定されたさまざまなリスクは、今のところ起きていない。特に、あれほどペースを乱していた食事の管理ができるようになり、平均的な食事量よりは多いものの、一定の量で維持できている。

これからの課題は2点ある。1点目は、「暇だぁ、暇だぁ」という言動が多くみられてお

り、力をもて余している様子なので、新たなことへのチャレンジが必要かもしれない。2点目は金銭の管理である。日頃から母親が行っていた金銭管理を誰かに委ねる必要も生じてきている。自宅金庫の鍵をなくしたことがあり、日常的な金銭や預貯金の管理が不十分なことが、この間の生活でみえてきている。

介護支援専門員の感想	● 今までも支援の方向性を決めかねることが何度もあった。 ● 一人で悩むことが多くあり、今回のようにさまざまな関係者と協議をしながら進めることで、自信がついた。 ● 淳さんが決めなくてはならないことはこれからもたくさんあるが、必要に応じてチームをつくり、多角的に検討することが重要ということが学べた。
関係者による会議で、一人暮らしに反対していた近隣住民の感想	● タバコを吸うので火の始末を心配したが、意外としっかりやってるね。 ● ごみ出しの日に「気をつけろよ」って声かけするんだが、大丈夫そうだね。 ● 母親がいなきゃいないでやれるやつなんだなあと、感心した。 ● お母さんが近々一時帰宅するって喜んでたよ。 ● お母さんを囲んで茶話会をする予定みたいだね。
権利擁護支援センター相談員の感想	● 最初は介護支援専門員から、淳さんの代わりに支援の方向性を決めてほしいとの依頼であったので面食らったが、丁寧な支援が行えたと感じている。 ● 住民からの強い意見や制度上のルールが淳さんの意思決定を阻害する要因になっていることを関係者が共有できたことがよかった。 ● 今後は、日常生活自立支援事業や成年後見制度も視野に入れたかかわりをもちたい。

👆 この事例の「ここに」注目してください！

- 本人（＝鈴木淳さん）のリスクを重く受け止め、「本人は意思決定ができない」と早期に周囲の支援者が判断していたとしたら、この事例のような結果は生まれませんでした。転換点は、「今ここで決める必要はない」として、じっくり本人と意思決定のやり取りをすることに支援方針を定めた時点でしょう。
- 話し合いの際には、本人に意思決定能力がないと決めるまでには至っていません。これは、ないと決めるだけの十分なデータが揃っていなかったことから妥当であると考えられます。
- しかし、実際には多くの場合、ここで"賢明でない"本人の言動によって、「この人は決定困難である」とされてしまう会議が多いのではないかと思います。賢明でないとみえる言動のみから意思決定能力の有無を判断してはならないことは、第2章を参照してください。
- 初期会議では必要な選好や本人意思に関する情報を得られていないことも指摘されるべきです。ここで支援者が行うべきことは、本人との話し合いの機会を設けて話を聞くことでした。今回の場合は、関係者の了解によって知る機会を得られ、本人の意思を知ることができました。

本人理解と住民理解による支援

Case 2 一人で暮らすことになった認知症のある桃子さんとともに今後の住まいについて考える

1 事例の概要

● 基本情報

氏名（性別）・年齢 花田桃子（女性）・88歳
家族構成 夫（87歳）との二人暮らし、子どもなし
生活環境 自宅（持ち家／共同名義）、庭の手入れがされていない状態

生活歴

5人きょうだいの次女。都内で働き、同郷の夫と知り合い27歳で結婚。

35歳で家を建て、仕事と家庭を両立しながら生活してきた。

45歳のときに夫の独立に合わせて勤務先を退職。夫の自営業を手伝い事務全般を請け負いながら、仕事も家庭も切り盛りしていた。

75歳まで仕事をしていたため、あまり地域の人たちとはなじみがなく、隣近所の人たちとは挨拶をする程度。

意思疎通の状態

本人は挨拶を返すことはできるが、質問に対する返事の内容はちぐはぐであり、表情から感情を読み取るような状態。髪はべたついており、衣服も汚れが目立っている。

● 家族関係図（ジェノグラム）

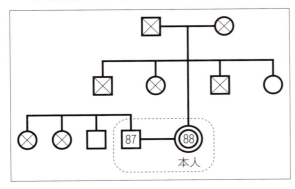

事例から考える意思決定支援の実際 75

● **社会関係図（エコマップ）**

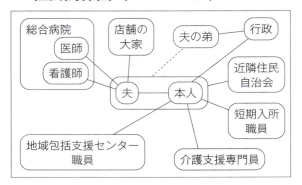

2 支援の始まりと経過

● **支援の始まり**

　夫が庭先で倒れているところを近所の人が発見し、救急搬送される。搬送先の総合病院では、救急車に同乗してきた桃子さんから状況を確認するがはっきりせず、担当地域の地域包括支援センターに連絡が入る。

　地域包括支援センターは、桃子さんと今後のことを話そうとしたが、名前もおぼろげで、年齢等も正確には言えない状況であった。認知症が疑われたため、一人での生活はかなり難しいと判断し、その場で行政と相談のうえ、老人福祉法に基づくやむを得ない事由による措置として、緊急で短期入所の受け入れ先を検討した。

　桃子さんに短期入所の説明をするものの、理解は難しく、今いる場所が医療機関であることも理解していなかった。「少しの間ご主人の代わりにお世話をしてくれるところがあるので、一緒に行きませんか」と声をかけたが、本人は理解が難しいのか、無表情のまま返事がなかった。そこで「ご主人が入院をしないといけない状態です。桃子さんの晩ご飯が食べられたり、お風呂に入れたりするところに行きましょう」と具体的に伝えると、「お腹すいたわね」と答えた。

　本来であれば、本人や家族から了承が得られればよいのだが、夫は脳梗塞によりコミュニケーションが困難であり、桃子さんのことを詳しく聞くことができず、どの程度のやりとりが可能なのか不明なまま、桃子さんとコミュニケーションを図りながら本人の理解度を探るしかなかった。

　その後、行政の調査で、他県に夫の弟が在住していることがわかった。しかし、ここ数年は年賀状の返信もなく疎遠になっていたとのこと。電話にて経過を伝え、今日明日のことに関しては承諾をいただいた。

● **支援の経過**

　桃子さんとともに短期入所先に向かう途中、荷物を取りに一度自宅に立ち寄ったが、庭が荒れており門扉も朽ち始めていた。本人が持っていた鍵では玄関が開かず、そのまま短

期入所先に向かうことにした。近隣住民は姿を見るなり寄ってきて、地域包括支援センターの職員とわかると「庭の樹木をどうにかしてくれ」「最近奥さんは見かけていなかったから心配していた」などと訴えた。

短期入所に対しては、状況の急転により不安感が強いと思われるため、ゆっくりとかかわってほしいこと、また、どの程度の生活能力があるのかが不詳のため、アセスメントをしてほしいことを依頼した。

その後、地域包括支援センターは主任介護支援専門員を中心に、介護支援専門員と一緒にかかわりを続けた。行政とともにキーパーソンを探すが、桃子さんのきょうだいは結婚以来疎遠となっており、夫の弟以外には連絡が取れる人がいなかった。

義弟と相談をするが、感情的にもわだかまりがあり、なおかつ調べていくと自営業はうまくいっておらず借金があったことなどもあって、かかわりを拒否された。「兄のことは仕方がないけれど、そのつれあいのことまでは面倒を見る義理はない」と一蹴された。

桃子さんは利用していた短期入所での生活に慣れ、様子も落ち着いてきたとの報告を受けた。ずいぶん長い間、入浴や洗髪ができていなかった様子。桃子さんに会いに行くと、覚えてはいないものの、挨拶をすれば笑顔を返してくれた。

名前は確認できたが、年齢は「もう忘れちゃったわ」と言う。本人の生活能力を確認すると、身の回りの動作は指示や見守りがあれば可能。排泄はときどき失敗することもある。状況に即応したことを判断して行うことは難しく、一人暮らしはかなり難しい状況ということがわかった。ただし、環境さえ整えば自宅での生活は可能かとも思われる。

長谷川式認知症スケールは9点。介護認定では要介護3の認定が出ていた。医師からは一人で暮らすことは難しいとのアドバイスがあった。

義弟は、桃子さん夫婦が自営のために借りていた店舗を売却して借金を返済するなどの手続きをしたり、自治会と相談して庭の樹木の伐採をしたりと、足を運んでいた。そのようななかで、少しずつ桃子さんへの気遣いも見せてくれるようになった。

桃子さんの変化（夫の急変からおよそ6か月後）

桃子さんが今後の住まいを検討するにあたって、新たなキーパーソンの確保の必要性や今後の住居に関する契約、債務整理、財産管理等の課題があったことから、本人の同意を得て成年後見制度の申し立てを行うこととなった（補助類型）。

ここがポイント❶

　キーパーソンが緊急事態になり急に支援が必要となる場合、何も情報がないまま援助を開始することが往々にしてあります。今回の場合、最初の壁になったのは、夫の治療方針を決めていくための情報提供を桃子さんができないということでした。
　判断能力の低下が疑われる場合、キーパーソンが不測の事態に陥ると、それぞれの支援を一度に検討せざるを得ない状況になります。緊急事態のときには急な決定を求められることもありますが、一人で考えずチームで検討することが必要となります。

③ 意思決定に支援が必要な場面

●「本当に在宅生活は無理なのか？」

　落ち着いた生活を送るなかで、少しずつ桃子さんの意思を確認できる言葉を聞くことができた。特に、荷物を取りに自宅に行くと、時として思い出を饒舌に語ることもあった。そこで今後の生活に対する意思を確認した。

　しかし、今後の暮らし先をどうするかについて、施設で話をすると「ここの人たちは、みんないい人。ご飯もおいしい、ここならずっといたいわ」と話すものの、同じ話を自宅ですると「ここは自分の家だから、ここ以外に行くところなんかないわよ」と話して、一貫性のある答えには至らない。

　今後について、関係者が集まってカンファレンスを開催することとした。

介護支援専門員の意見
- 移動に大きな支障はなく、指示や見守りがあれば身の回りの動作を行うことはできる状況。反面、何かトラブルが起きたときの対応は自身では困難であり、SOSを出すことが難しい状態。
- 一人で外出して戻れなくなってしまう、あるいは消費者被害にあうリスクも高く、自宅で一人暮らしをするとなると、安心した暮らしにはならないのではないか。

短期入所職員の意見
- 生活自体はとても落ち着いており、アクティビティにも積極的に参加している。日常生活は誰かの促しがあれば問題なく行える。何かを判断するときにも具体的に示せば、「はい／いいえ」が言える。
- 準備は必要だが、環境が整えば一人暮らしも可能かもしれない。
- 自宅に行った後は、夫との思い出をよく話してくれる。自宅の思い出が語れる状況であるため、もう少し過ごすことができたら、もっとできることがあるかもしれない。

近隣住民・自治会の意見	● ここ最近は奥さんをあまり見かけなかったけれど、以前は、旦那さんが手をつないで一緒に仕事先に連れていくのを見ていた。とても仲のよい夫婦だった。 ● 自治会の夏祭りにもいつも協力してくれていた。 ● しかし、旦那さんが一緒に暮らせないのであれば、火事の心配もあるし、できれば施設に入ってもらったほうが安心。
親族（義弟夫婦）の意見	●「今まで兄を支えてきてくれた人だから」とは思うが、だからといってかかわることはできない。経済的支援もできないし、私たちも歳だから、そうそう来ることもできない。 ● できればこのまま施設に行ってくれればありがたいと正直思う。兄が亡くなれば、もう来ることもないと思うから、できるだけ煩わしくない方法を考えてほしい。
地域包括支援センター職員の意見	● 少しずつ生活歴が見えてきて、桃子さんが暮らしのなかで大切にしてきたことがわかってきた。今は、施設という安定した生活環境のなかで暮らしているが、実際に自宅で暮らしていけるかどうか、本人は一人でいる時間を不安に思うのかがわからない。 ● このまま施設でというのは誰にとっての安心なのか…。安直な答えのような気がしている。 ● 一度、短時間からでもやってみるとか、本人が選択できるような環境を整えたうえで、その先を考えてみてもよいのではないか。

👆 ここがポイント ❷

　桃子さんは穏やかに暮らせているからこそ、このタイミングで今後の生活の場を検討してみることとなりました。

　介護支援専門員はサービス担当者会議の場で、それぞれの専門職から意見を聞きながら、本人が意思決定できる環境を整えてみることで、実際にどう感じるかを聞くことができるかもしれないことに気づきました。

　認知症というフィルター越しに桃子さんを見ていたことで、本人の可能性に対して先に答えを出してしまっていたのかもしれません。

● **本人の言葉や意思の表れ**

　意思決定できるように環境を整える試みを行った。まずは日中の短時間、自宅で一人で過ごしてもらうことから、一日サービスを使いながら過ごしてみることを実施してみた。

それを体感することで、桃子さんから意思表示ととれる言動が聞き取れてきた。

> ①　日中、短時間自宅で過ごしたときには、「他人の目を気にしないでいられると、ゆっくり眠れる」と話していた。
> ②　「何をしていいかわからない」と、半日程度過ごしたときの話。近所の人に「夫は今、仕事で遠くに行っている」と話しに行った様子。
> ③　「買い物に行かなくちゃ」と、玄関で鍵を閉めようとしているが閉められず「鍵が壊れた」と近所の人に話しに行った。一日、サービスを利用して過ごしてみたが、慣れないせいか、「とてもくたびれた」「どうしていいかわからない」と、不安を訴えた。しかし「やっぱり、ここは私の家だから」という言葉も発している。

● **仮説・見立て**

　桃子さんが在宅で生活ができるか試してみたが、まだ生活の変化に慣れていないため自己決定には至らないことがあると思われる。

　そのため、もう少し結論を急がず、継続的に利用できるサービスを検討しつつ、在宅生活の思いを汲み取っていく必要があると思われる。

ステップ①＜本人の意向・好み・価値観等に関する情報収集＞

　本人の意思決定能力を再確認するために、さまざまな関係者から意見を聴取することは大切な過程である。独りよがりの援助計画にならないような配慮を自ら行うべきである。そのための話の進め方に関しても、他者が把握している本人の情報を集約しながら進めることは、ことさら意思決定に際して重要なことと考えられる。

　カンファレンスの場を活用して、本人の可能性を確認する。また、具体的に本人が意思決定するための材料をきちんとそろえていくことも大切な配慮である。
・日常生活は送れている。サービス利用をしながらであれば、可能かもしれない。
・自宅から帰ってきたときは、家族の思い出を饒舌に話す。
　疾患を理由に、可能性を先に摘んでしまうような判断をしない配慮が大切。

ステップ②＜体験を通じた意思決定支援＞

　単に自宅で一人暮らしができるかできないかを机上で考えるだけでは、本人の意思決定は望めない。本人は、思い出のある自宅がよいとしつつも、他方で生活サービスが提供される施設もありがたいと発言している。
　体感することで、自らの判断ができる場を設定し、実際にやってみてどう感じたかを聞くことは、本人にとっても有効な判断材料になるといえる。
・「人目を気にせず眠れる」

・「一人だと何をしてよいかわからない」

施設の不自由さを改めて感じ、半面、自宅で一人で過ごす不安を感じることができた。これらの実感を繰り返しながら、本人が判断できる促しを継続させていくことが必要だと理解できた。

ステップ③＜本人のペースに配慮した意思決定支援＞

本人が意思決定するためには、そのための環境と時間が必要である。また、その人に合わせたペースで考えるための配慮も必要である。関係者は情報を共有しつつ、本人の言葉を待つ姿勢が大切になってくる。

・「鍵を閉めようとしたが閉まらないから、近所の人に助けを求めた」

このような行為について、「できないことに対して他人を頼る能力がある」という強みととらえる視点が大切である。

意思決定を支援するために、本人にとって必要な環境と時間を十分にとっていく必要がある。

● 意思決定支援にかかる具体的な取り組み

今回、本人の変化に合わせてサービスを利用しながら一日の過ごし方を再考すると同時に、地域住民の理解促進のための取り組みを実施した。

❶　安否確認の体制を整えれば本人は安心して自宅で過ごせるのか、もしくは、集団のなかで比較的長時間過ごすほうがよいのかなど、さまざまなサービスの特徴を活かして過ごしてみる。
⇒居宅サービス計画に定期巡回・随時対応型訪問介護看護を位置づける。短期入所を利用している施設へ、通所サービスで通ってみる。

❷　個人情報に配慮しながらも、近隣住民に理解してもらったうえで、見守り活動を通して本人を支える一員になってもらう。
⇒地域ケア会議を開催し、互いに役割を確認しつつ、ともに支えるチームであることを確認する。

❸　近隣住民が排他的感情をもたないようにするため、認知症の理解促進を目的とした公開講座を、地域包括支援センターが開催する。
⇒自治会共催で認知症サポーター養成講座を開催する。

❹　まずは本人の思いを聞くというスタンスで進めることを共有する。
⇒カンファレンスの場だけでなく、近隣住民と顔を合わせるときに、専門職はそのことを意識してかかわっていく。

事例から考える意思決定支援の実際

桃子さんの変化（夫の急変からおよそ 10 か月後）

桃子さんの言動に一貫性が現れだした。

自宅で過ごす時間が定期的になってくると、自ら庭の手入れをしたり窓を開けて換気をしたりするなど、日常行っていたことができるようになってきた。ある日、本人から「やっぱりあっち（施設）に行くわ」という話があった。自宅生活の選択肢があることも確認したが、「確かにここ（自宅）はいいけれど、くたびれちゃった。もう十分頑張ったかな。あっちにはなじみの人もいるからね」とのこと。

別の日には近所の人にも介護支援専門員にも、「これからあっち行くことになってね。いろいろお世話になりました」と話すようになった。

ここがポイント❸

さまざまなサービスを実際に体験することで、桃子さんは自分らしさを取り戻しつつあるように見えました。それを繰り返すなかで本人の思いが少しずつ固まり、きちんと意思表示ができたのだと思います。

どのような選択であっても、本人が考えて選ぶ時間が必要で、そこには本人のペースがあるのだと思います。ときには専門職からみると無謀に感じられることもあるかもしれませんが、本人の意思が決まるまで、関係者や周囲の人たちと連携を図り、見守りを強化していくことがとても大切になります。

❹ その後の支援

● 生活の場を決定するための支援は終了（夫の急変からおよそ 11 か月）

桃子さんは短期入所を利用していた施設に入所することになり、義弟夫婦の手を借りながら荷物を準備した。準備をしながら、手伝ってくれたお礼を伝えつつ、「ここには戻ってこないから処分してほしい」と義弟夫婦に伝えた。

最終的な意思はぶれることなく、必要なことを必要な人に伝えることができていた。入所の手続きなどは成年後見の審判がおりたため、補助人が行った。義弟は「身元引受だけはします」と言っていた。

今後は施設での生活が中心となるが、補助人がついているため手続きなどは不安なく行えるようになったことで、安心感をもっているように見える。本人にとって判断しにくいこと（例えば、介護保険に関する諸手続きや、経済的支払いの代行など）はこれまで相当な負担であったため、補助人のことをよき相談相手だと言っている。「どうしよう」と迷い、答えを出すことができなかった精神的負担が軽減されたことは、桃子さんにとって大きな

意味がある様子であった。

👆 この事例の「ここに」注目してください！

- この事例は、本人（＝花田桃子さん）の情報が全くないなかで支援が始まっています。また、夫婦ともに地域住民とのつきあいが弱いため、住民理解も必要な事例となっています。
- 具体的には、近隣住民は夫が倒れるまで桃子さんを見かけていませんでした。また、庭木の手入れをどうにかしてほしいなどの苦情も寄せられていました。これらのことなどから、この事例が単なる本人支援ではないことに注目してください。
- この事例のなかで介護支援専門員は、地域包括支援センターと連携して桃子さんが自宅で暮らすことになった場合を想定し、居所の設定が確定しない状況でも、先を見据えて、本人支援と同時並行的に地域づくりを進めています。地域づくりは本人の選択肢を広げることにもつながる意思決定支援における重要な観点といえましょう。
- 本人がさまざまな選択肢を体験した後に発した「施設に行く」という意思表明に対して、あえて「自宅での生活」の選択肢を取らない理由についても確認し、その意思が本人の真意から来るものなのか、複数の支援者が複合的な視点から吟味をしている点も注目されます。
- この事例からは、「認知症だから、もう意思決定できない」と決めつけず、時間をかけ、本人のペースで環境を整えれば、本人の意思が明確になっていく可能性があることを学べます。

自己効力感を高めるための意思実現支援

Case 3 「大好きなアイドルのコンサートに行きたい！」自閉症のある花子さんとともに意思実現のためのプロジェクトチームを立ち上げる

1 事例の概要

● **基本情報**

氏名（性別）・年齢	山田花子（女性）・47歳
家族構成	一人暮らし
生活環境	マンション（持ち家／花子さん名義）

意思疎通の状態

　これまでは母親が全面的に本人を支援してきたこともあり、ほとんどの意思決定は母親が本人に代わって行っていた。本人が自分から話すことはあまりなく、話しても通常は単語のみの会話であり、母親の死去後は、親戚も本人とのコミュニケーションに苦慮していた。

● **家族関係図（ジェノグラム）**

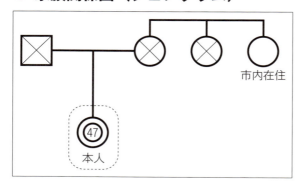

● **社会関係図（エコマップ）**

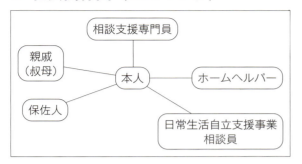

2 支援の始まりと経過

● 支援の始まり

　2012年12月、年末も押し迫った、ある晴れた日の夕方、行政担当者からの急な電話から、支援は始まった。

ソーシャルワーカー：どうしましたか？
行政担当者：母親と二人暮らしをしていた自閉症の女性が、急な母親の死去に伴い、独居困難になってしまいました。短期入所の利用はできないでしょうか。
ソーシャルワーカー：これまでのサービス利用は？
行政担当者：母親と二人でこれまで暮らしており、母親がすべてのことをしていたようです。療育手帳はB2です。
ソーシャルワーカー：ご本人の意思は？
行政担当者：本人は自分から話をすることも少ないため、親戚も現時点での対応に苦慮しているようです。

　このようなやりとりから、本人とのつきあいが始まる。
　花子さんは養護学校（現在の特別支援学校）を卒業後、作業所へ短期間通っていたが、なじむことができずに自宅で生活。父親の死去後は母親の故郷に帰り、母親と二人で暮らしていた。
　短期入所の利用にあたって事業所を訪れたときの印象は、母親を亡くしてすぐでもあり、無口で、元気がない雰囲気が強かった。当初、支援者としては、本人と親戚に短期入所の説明をし、一定期間利用してもらう方向で考えていた。
　しかし、翌朝の本人との面談時には、本人から「家へ帰りたい」との発言があった。
　最初は、短期入所を利用することが嫌なのかと推測していたが、その発言の意図を確認していくことにした。すると、①自宅には好きなアイドルグループの会報やコンサートの案内が郵便で届く可能性もあり、郵便受けを見に行かないといけないことや、②一人で行くことが可能な近所の本屋へ行って新刊の確認をしないといけない、といった本人の意向があることがわかった。

● **支援の経過**

　ふだんの会話は単語のみであるが、好きなアイドルグループの話題になると饒舌に語ることができていた。これまでは、コンサートの観覧に行くことが、本人にとって重要なイベントになっていたことがわかった。

　一日のルーティンが決まっており、起床時間は昼頃で、そこから朝と昼を兼ねた食事を1時間程度かけてとる。また、洗顔や入浴などは、声かけがないと実施しない。夜間は、スマートフォンを駆使し、アイドルグループの情報を遅くまで収集しているようである。

　一日の見通しを立てることは苦手である一方、好きなこと（コンサート観覧など）については、何時までにここに行って、何時にここで待つなどの計画を自ら立てることができていた。ただし、コンサート会場が不慣れな土地である場合には、距離感や時間軸が曖昧になることもあった。

　母親の死去後、今後の生活に関して協議を重ねた。本人は、現在の自宅での生活を強く希望していた。他方で、一人暮らしを継続するためにはさまざまな支援（財産管理や福祉サービスの導入等）が必要であり、かつ、親戚が本人にかかわれる範囲についても限度があった。そこで、本人が自宅での生活を送ることができるよう、本人および親族に対して成年後見制度の活用について説明し、最終的には親族が同申し立てを行った（保佐類型）。

　家庭裁判所で書記官と面談をした際も、本人は「自宅で生活したい」「コンサートへ毎年行きたい」と話す場面があり、本人の強い意志が感じられた（ここがポイント①を参照）。このこともあり、審判後に保佐人が作成する初回報告書（年間の収支予定も記述されている）において、毎年のコンサート観覧の予算組みがなされることとなった。

花子さんの変化（母親の急逝から、およそ6か月後）

　自分の生活環境が大きく変わってしまったことについて、本人が自ら自分の心境を語る様子は今のところみられない。支援者からも、自宅での生活面について特に困りごとは出ていないとのことであった。

　ただし、本人と継続的にかかわっているホームヘルパーからは、本人から時折「一人でいると寂しい」などの発言があったとの情報が得られた。

👆 ここがポイント ❶

　花子さんの生活環境は母親の急逝により突然大きく変わってしまいました。生活技術の向上だけを目的とした支援体制構築でよいのか、本人が強く希望するコンサート観覧をどのようにとらえるのか。ここが大きな課題です。

　母親とのこれまでのかかわりを親戚から聞くと、毎年、母親と行くコンサートを楽しみにしていたようだということがわかりました。花子さんのこれまでの生活や状況がみえてきたことで、相談支援専門員として、サービス等利用計画の大目標に、「アイドルグループのコンサートへ行くこと」を盛り込みました。

　本人の希望を軸に生活支援を実施するためには、単なる余暇活動の一環としてではなく、本人が心から希望することを大目標に掲げることが大切であると考えます。結果的には、その目標への取り組みが本人の生活意欲の向上にもつながっていくのではないでしょうか。

③ 意思決定に支援が必要な場面

● コンサートチケットの申し込みと観覧計画

　本人は、以前からファンクラブへ入会しており、コンサート情報などは郵便で自宅に送られてくる。

　「年に2回は、大好きなアイドルのコンサートへ行きたい」。この思いが、本人の強い希望であった。チケットの申し込みは、最大で3か所までである。相談支援専門員のかかわりとしては、希望会場は本人の思いをできる限り尊重したうえで、行きたい会場を本人に2か所申し込んでもらい、残りの1か所は地元に近い会場を選んでもらうよう提案した。

　花子さんは、マイペースでおっとりとした性格ではあるが、興味があるものに対しては自分自身でスマートフォンを使って調べたり、本を買ったりして情報収集ができる。また、コンサートへ行くついでに、その土地を観光したいと表現することもできる。そのため、チケットが当選しコンサート会場が決まると、本人なりにその日の計画を立てはじめ、「○○へ観光に行きたい」という追加の希望が出てくるようになった。

● 本人中心の支援計画とプロジェクト会議を通じたチームでの実現支援

　初回支援の段階では、本人が希望した会場のチケットが当選した際、父方の親戚にコンサートへの同行を依頼した。しかしながら、本人のこだわりや欲求に振り回されてしまったようで、今後、コンサートへの付き添いを行っていくことは困難であると告げられた。このように、親戚による支援にも限度があるなかで、今後の本人の意思の実現に向けてどのように支援者がかかわっていけるのだろうか。本人にかかわる親族、支援者および専門職を集めて、実現プロジェクト会議を立ち上げることとした。

会議を通じて、①本人が希望する開催地のコンサートチケットが確保できるのか、②観光に関してボランティアの確保ができるのか、③日程的に短縮したりしないでよいのかなどを議題とし、意見交換を重ね、おおよその行程プラン案を作成。それと同時に、本人に対しては、旅行雑誌を参考に、希望の具体化をお願いすることとした。具体化が難しい場合には、コラージュを取り入れ、観光雑誌を使用した、本人だけの旅行プランを半月前に作成することを目標に設定した。支援者に対しても、本人へ疑問を投げかけたり、選択肢の提案をしたりして、模造紙を使い旅行プランを一緒につくり上げていくように依頼した。

　なお、亡き両親の努力により花子さんは財政面には問題がなく、旅費も工面可能である。

相談支援専門員の意見
- 出会った頃から「大好きなアイドルのコンサートに毎年2回行きたい」と話している。
- 親族による支援にも限度があるなかで、どのようにすれば、本人の意思の実現可能性を高めていくことができるのだろうか。

親戚の意見
- 本人の希望であれば、こちらが行けないと説明しても、行くと言って、きかないかもしれない。
- チケットが当たったとしても、毎回付き添うことは難しい。

保佐人の意見
- 本人の希望が実現できる体制を構築したうえで、協議していきたい。
- 予算については、年間収支予定の範囲内であれば可能である。

ホームヘルパーの意見
- 生活支援のなかでも、本人がいちばん楽しみにしていることであるので、叶うならそのほうがよいし、できる範囲で手伝いたい。
- できることであれば、コンサートだけでなく、日常生活の向上を本人自身が、もっと意識してほしい。

👉 ここがポイント ❷

　コンサート観覧を実施するにあたっては、ほぼ毎回このような協議を経ています。重要なことは、意思の実現過程をすべて支援者側だけで行ってしまうのではなく、そこでも本人を中心に考え、実現計画の中に本人の役割も適切に盛り込んでいくことです。

　旅行に行くならば、私たちは、観光地に関する情報収集のほか、日数、費用その他を考えることになるでしょう。花子さんへの支援にあたっても、本人ができることは本人に行ってもらい、苦手な部分（現実的な日数やかかる経費の概算や各種手配など）については会議のなかですり合わせを行っていくようにしています。そして、支援者のサポートにより花子さん自身で作成した旅行行程表を見てもらいながら、修正と最終確認を行っています。

　本人の希望を叶えるための方法をすべてお膳立てするやり方では、本人自身の意思決定能力の成長や気づきにつながりません。

　例えば、これまでの経緯のなかで一度だけ、抽選に外れたことがありました。すべてが叶うのではなく、外れることもあることを直接体験する機会にもなりましたが、それだけではなく、電話による一般予約ができることも判明したため、花子さんにその情報を伝え、本人が電話予約をするという体験をしてもらいました。成功体験を積み重ねるだけでなく、実際には失敗もあることを体験し、どこかで失敗も受け入れないといけないことをしっかりと支援のなかに盛り込むことが重要と考えます。

● 本人の言葉や意思の表れ

　意思決定を支援していくための会議を経て、関係者によるかかわりに変化が生じ、端的な言葉ではあるが、花子さん自身の意思がうかがえる言動が顕著になった。

> ① 「年に2回はコンサートへ行きたい」と一貫して話をし、コンサートに行くことへの思いの強さが言語で表せるようになった。
> ② 「コンサートへ行って観光もしたい」。会場近くや地域のアミューズメント情報の入手や確認などは自分でできるようになった。
> ③ 「もっと観光したい」「アイドルと会いたい」など、より大きな意思・希望を形成することができるようになった。

● 仮説・見立て

　支援者側がややコンサート観覧の実現そのものに集中してしまった嫌いがあり、母親との死別を経験した本人の思いに十分に寄り添うことができていたのかどうか、という点については反省点が残る。

これまでのコンサート観覧を改めて振り返ってみる。ふだん寡黙な本人から、観覧ついでに動物園へ行った際には、「トラを見たい！」などの素直な欲求も聞かれていた。あくまでも想像ではあるが、コンサートのときにはいつも以上に母親が優しく、行きたいところに連れて行ってくれて自分の願いを叶えてくれた、そのことが本人にとって強く印象に残っており、「コンサートに行きたい」という意思表明につながっていたのではないか。もしかすると、その意思表明の裏では、母親の死去後も母親と同じようにかかわってくれる誰かを探しているのではないかとも想像される。

　亡き母親にとってもまた、本人と二人の生活をするなかで、コンサートへ行くことが娘との大切な思い出づくりの場ではなかったか。面談やこれまでの状況を客観的に考察してみると、このような支援者によるかかわり方は、本人の真のニーズから大きく逸れてはいなかったように思われるが、今後は、本人の表明された希望の裏にある真のニーズを読み解いていくことも意識したい。

ステップ①＜コンサート観覧に関する意思決定支援のためのチーム体制の構築＞

本人にとっての課題や苦手な部分を見極め、花子さんにとって重要な意思決定を花子さん自身ができるように、どのように支援者側がサポートできるか、環境調整を図るためのチーム会議を実施。

- 母親の急死により、生活環境の変化があった花子さんにとっては、選択肢を十分に考える時間的余裕がなかったのではないか。
- これまでの母親との生活や将来のことを聞き取り、本人なりに考える機会を提供していくべきではないか。

といった意見を考慮し、毎回のコンサート観覧時に、本人が決める領域を少しずつ増やしていけるよう支援体制を検討し、付き添いボランティアとしてかかわっているホームヘルパーに有償で対応を依頼する。

ステップ②＜意思決定（形成・表明）支援＞

単にコンサートを観覧しに行くのではなく、日程が決まってからの観光計画の立案や、同行中におけるさまざまな場面での本人による意思決定を促す支援を実施。同時に、同行中の本人のストレングスの発見に努めた。

- 「○○を食べたい」「○○へ行きたい」などの発言から、花子さんの行程に対する思いや考えを確認する。
- 口頭によるコミュニケーションだけではなく、手紙のやり取りなどの対応も併せて実施し、できる限り本人の本音が言える環境調整を図っていく。

ステップ③＜意思実現の過程に至る本人・チームのかかわり＞

本人が立てた計画や言動からは、支援者側からみれば行程や実現可能性に疑問がある内容も存在する（旅行に１週間行きたい、アイドルと直接会いたいなど）。そ

の気持ちは誰しも抱く気持ちであり尊重されるべきである。ただし、現実の状況とのすり合わせも必要である。そのため計画の完成後には、本人を中心とした発表の機会をつくり、親戚や保佐人に自分の言葉で説明してもらい、支援者側のコメントや代替案についても確認してもらった。

観覧終了後には、自分で計画した行程の部分で、困難な場面や大変な場面などの振り返りも実施。本人の希望がすべて叶ったわけではなく、希望を実現する過程における成功、失敗を本人自身が体感することにより、次の意思形成のための支援につなげる。

● 意思決定支援にかかる具体的なアイデアや取り組み例

先の変化を受けて、関係者による再度の意思決定を支援していくための会議が行われ、次のような取り組みが始まった。

> ❶ 本人の希望を最大限尊重するための環境設定
> ❷ 本人の希望、モチベーションを踏まえた支援計画づくり
> ❸ 支援チームの強化に欠かせないキーパーソンの確保と本人のストレングスの発見
> ❹ 単発の支援にとどまることなく、本人の可能性を広げつつ、支援者も無理なく活動を維持していくための工夫

【具体例】
❶ 花子さんの意思を形成し、希望を実現するために、本人、支援者がどのような役割をもって動くべきかを定期的に協議する機会を設ける(実現プロジェクト会議)。
❷ 本人がコンサート観覧時の小遣いを貯めるために何事へも取り組もうとする意欲をとらえて、就労継続支援B型の通所を週3回開始(初めは自立訓練の生活訓練を1年)する。就労を継続するための生活リズムの調整を目的に、小遣い帳の記入や掃除や洗濯など、少しずつ1人で取り組んでもらうようにする。
❸ 本人との関係性の長いホームヘルパーと相談し、本人がコンサート観覧の同行者としてホームヘルパーを有償依頼する。支援者が通常の支援時以外の本人のストレングスを知る機会を得られるようにする。
❹ すでに関係性のあるホームヘルパー以外にも新たな支援者が生まれるよう、2018年の夏のコンサートから現地で有償ヘルパーへ依頼し、対応してもらうことにする。

花子さんの変化（母親の急逝から、およそ7年後）

　支援の開始から数年経過した。日常会話も単語にとどまらず、しっかりと他者に気持ちを伝えることが可能となってきている。コンサート観覧についても、初めのうちは、本人の強い思いが他者を引っ張っていった部分もあったが、徐々に現実的な日程や内容を考え、自分なりの代替案（観光面での行先）も支援者に提示するようになってきた。

　支援開始当初は自宅で過ごすことが多かったが、コンサート観覧時の小遣いを自分でも貯めることができるようにと、生活訓練を経て、就労継続支援B型への通所を週3回利用し始めた。通所利用開始から、起床時間や生活リズムの改善も図れるようになった。また、他者との交流や思いやりも芽生えつつあり、コンサート観覧で出かける際は、自分の小遣いから、通所先の利用者にお土産を購入するなどの変化も現れている。

ここがポイント❸

　本人の強みを活かし、本人が自分で意思決定するための支援に重きを置いて考えてきました。

　障害のある人たちに多く共通することとして、感覚的、嗜好的な側面でしか自己の意思を表現できていないことも少なくなく、当初の花子さんの意思表明（コンサートに行きたい！）もそれに近いものといえます。そのなかで、本人の心からの希望や真意を探りつつ、本人やほかの支援者も巻き込みながら意思の実現に向けて一緒に取り組んでいくことも、本人の意思決定の幅や可能性を広げるための重要な支援であると考えています。

　仮に、本人がせっかく紡いだ言葉や思いを支援者側の懸念から一方的に否定してしまうと、自分の意見は聞いてもらえないものと思わせてしまい、その後、他者に自分の意思を伝えること自体をやめてしまうかもしれません。

　コンサート観覧も含めて、住んでいる地域を離れた支援をどのように展開するかは、支援者として特に難しく感じるものです。もちろん、リスク管理の問題も無視はできません。しかしながら、可能性を追求しようとする姿勢がチーム内にあれば、思わぬアイデア、解決策が浮かんでくることもあります。

　今回の経験も含めて、年単位で小さな達成感が積み重ねられることにより、本人が生きていくうえでの自信にもつながっていったように思われます。

　今後も花子さんの新たな強みを発見し、新たな支援方法を模索したいと考えています。

④ その後の支援

　現在は、年に数回のコンサート観覧に向けて、日頃の日常生活動作における自律を本人も意識しだしている。これまでできなかった一定時間の起床、食材の買い物、洗濯に関しても意欲的に取り組んでいる。

　金銭管理の面では、高額な金額や旅行にかかわる費用に関しては、現時点でも計算や見立てをすることは苦手であり、保佐人と相談支援専門員、日常生活自立支援事業の職員を交えて検討し計画する。しかし、本人の小遣いに関しては、通所利用の工賃を貯めて、その範囲内で旅行中の買い物やお土産を購入しようとする意識の変化がみられる。

　同行スタッフに関しても、以前は「知らない人とは行きたくない」と言って関係性のあるホームヘルパーへ有償依頼していたが、昨年度からは現地のホームヘルパーに依頼して利用できるようになった。今後は成功体験を積み重ね、自己肯定感を高めていけるようにと考えている。

　始まりからすると、段階的であるが、コンサートの観覧支援を通して自立心の芽生えもあり、自分でできることのほか、これまで本人自身でやらなくてもよいと考えていた行為（洗濯や掃除、買い物など）も少しずつできるようになっている。ただし、大きな金額がかかる行為や一人でのコンサート観覧は現在でも難しい。今後、一緒に考える機会を設けていき、気づきを促すなかで、本人ができる範囲をさらに増やしていきたい。

相談支援専門員の感想
- コンサート観覧について支援の方向性を決めかねることが何度もあった。
- 当初は一人で悩むことが多くあったが、今回のようにさまざまな関係者と協議をしながら進めることで自信がついた。
- 生活面の支援体制の構築を優先して考えがちであるが、本人が望むことを、意思決定してもらい、その目標に向かってどうするかについて、本人含めみんなで考えることで、一体感が生まれたのだと考える。

親戚の感想
- 本人が望む生活やそのための支援環境が実現できており、うれしく思っている。
- コンサートの観覧は、以前は母親と行っていたが、母親亡き今、自分たちも高齢でなかなか付き添うこともできていない。それでもなお、支援者の皆さんの努力によって継続できており、それが本人の生きる力にもなっていると思う。

ホームヘルパー、日常生活自立支援事業相談員の感想	● 最初は、家事支援など全面的な支援を必要としていたが、コンサート観覧の同行をすることにより、提供時間外の本人の様子やストレングスに改めて気づくことができた。その気づきやストレングスをもとに、支援時に声かけをしたり、一緒に行ったりすることで、今の状況につながっていると考える。 ● 本人の意思決定に寄り添うことで、本人との関係構築にもつなげることができた。

この事例の「ここに」注目してください！

- 本人（＝山田花子さん）の「アイドルのコンサートに行きたい」という意思の表明は明確かつ一貫しており、経験に基づく内容理解もあるので、これは「表出された意思」原則に基づく支援を行える部分です。ただし、実行可能性などの点で懸念が指摘されたので、これを本人と話し合うことでより具体的なコミュニケーションを図る機会としています。こうした希望については、担当者会議での発言のようにできない理由も多く挙がりがちですが、本人の意思と選好（プレファレンス）の方向性を変えないよう、どこまで可能であるかをより具体的に検討している点は、前向きな支援手順として注目されます。
- また、計画の検討に本人もかかわっているだけでなく、その結果（帰結）がきちんと本人に返ってきている（チケットが外れることもある）点は、チョイス＆コントロールを本人がもつことで、いわゆる「サンタさんモデル」にしないためには重要です。また、決めることに対する花子さんと支援者との関係性構築がなされているとともに、自己効力感（セルフ・エフィカシー）を花子さんも支援者もそれぞれに培っている過程であるということができるでしょう。実際、事例のなかでは、コンサート参加への努力を契機として、少しずつ旅行やほかの事項への意思表明へと広がっていることが観察されています。
- 大きな夢や希望は本人と支援者の間に強いつながりをつくりますが、その分、葛藤も大きくなるかもしれません。この事例では「ステップ3」にあたるところで支援者が協力しても実現困難な希望として整理していますが、ここは本人との葛藤もしくは支援者間での意見の食い違いが出やすいところでした。本文にあるように、本来であればそれぞれの選択肢について実現する手立てを本人とともに話し合い具体化させるなかで、あるいは実際に行って失敗する経験を通じて、困難さを理解することが望ましいところでしたが、なかなか現実は簡単ではないようです。しかし、事例全体としてみた場合には、最初から無理だと排除することなく、コンサート参加への道程をともに歩んでいる点で学ぶところが多くあるように思います。
- なお、大きな希望を掲げるだけでなく、並行して小さくわかりやすい夢や希望へも取り組みながら、意思決定に関する本人との関係性をつくることも好ましいと思われます。
- 以上については、序章・第1章・第3章・第4章などの該当部分と関連づけることで、より深い整理ができるでしょう。

病気の治療と生き方支援

Case 4 健康状態の悪化から緊急入院した知的障害のある潔さんとともに退院後の生活を考える

1 事例の概要

● 基本情報

氏名（性別）・年齢 福島潔（男性）・63歳

家族構成 一人暮らし、両親ともに亡くなり、遠方に兄がいるが十数年間疎遠

生活環境 アパート→入院→施設入所

意思疎通の状態

日常的な会話についてはおおむね可能、本人から要望を訴えることは少ない。その場の雰囲気で返事をしてしまうことも多く、重要な場面では支援が必要。養護学校（現在の特別支援学校）を卒業しているが療育手帳は未取得。

● 家族関係図（ジェノグラム）

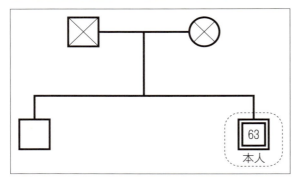

● 社会関係図（エコマップ）

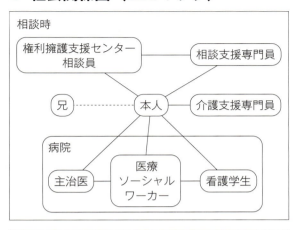

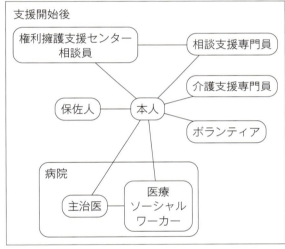

② 支援の始まりと経過

● 支援の始まり

　潔さんは養護学校高等部卒業後、父親の紹介で隣県の工場に就職。同時に家を出て社員寮で暮らし始めた。工場ではミスも多かったが、父親の助けでなんとか続いていた。しかし、30歳のときに父親が亡くなると、突然退職してしまった。その後は実家には戻らず、職を転々としながら生活を送っていた。

　10年前、母親が亡くなった知らせを兄から受けるが、そのときも実家には戻ることもなかった。その後も、地元や仕事関係でも、特につきあいのある友人関係もなく暮らしていた。

　3年前に、勤めていた工場パートの契約満了後は、仕事を探すこともなく、アパートで一人暮らしをしていた。食事は近くのスーパーで済ませることが多く、それ以外外出することもなかった。

事例から考える意思決定支援の実際

1か月ほど前から歩行中にふらつくことが増えていたが、本人は特に気にすることもなくふだんと変わりなく過ごしていた。ある日、買い物の帰りに転倒し、救急車で搬送され、多系統萎縮症と診断された。そのとき、医療ソーシャルワーカー（以下、MSW）が入院手続きや治療説明などを行うものの要領を得ないこともあり、今後に不安を感じたMSWが社会福祉協議会に連絡し、今後の対応について相談した。

● **支援の経過**

　入院後の検査で重度の糖尿病があることがわかった。多系統萎縮症については、現時点では特に治療はしないが、進行性であることから経過観察が必要とのことだった。この時点で、単独での歩行は難しい状態だった。

　MSWから本人へ説明を行うが、反応は乏しく、今後の生活や治療を進めていくうえで大きな不安がうかがえた。今後の見通しも立たないまま入院が続き、本人の不安やイライラが募り、次第に言葉も減っていった。

　糖尿病の治療に伴って食事に制限がついたことが本人のストレスに拍車をかけ、ハンガーストライキを起こすようになった。

　この間、MSWは実家の兄に連絡を取るものの、兄自身も体調をくずして入退院を繰り返している状態で、本人への支援は厳しいとのことだった。早急に、本人の支援体制を構築する必要性を感じ、支援会議の調整を行った。

　支援会議は以下のような内容で開催された。

○本人の心情
　・突然の病気の発覚。自分自身どうなってしまうのか大きな不安がうかがえる。
　・退院後、元のアパートで暮らすことしかイメージできない。

○参加者
　・社会福祉協議会総合相談センター相談員（地域包括支援センターのソーシャルワーカー（以下、SW）、相談支援専門員の2人）
　・権利擁護支援センター相談員
　・MSW

○今後の課題
　・医師からは、在宅生活は難しいとの所見が出ている。今後の生活を本人一人で組み立てていくことは難しい。
　・支援が可能な親族や知人がいない。
　・職を離れてから3年経過し、所持金も乏しい（年金等未受給）。
　・これまで福祉サービスなどの利用はないが、今後は何らかの支援が必要となる見込みである。

③ 意思決定に支援が必要な場面

● 医療的な判断と本人の希望との乖離

糖尿病の治療に伴う食事への不満は続き、今後も栄養管理は必要である。

起床時は頻繁に立ちくらみがみられ、さらに下肢の運動失調によるふらつきも大きく、常に見守りが外せず、在宅への移行はさらに厳しい状況となっている。

担当医の意見
- これまで、食事は外食やコンビニ弁当などが中心だった。「宅配ピザは、コーラがつくからお得なんです」と、うれしそうに語っていた。病識はみられず、今後、糖尿病治療のため栄養管理が必要。
- 多系統萎縮症による立ちくらみやふらつきが大きく、ベッドから起き上がるだけでも一瞬意識を失うことがある。見守りは欠かせないだろう。

MSWの意見
- 実家の兄は、体調をくずし、本人への支援は厳しい状況。
- 兄に、実家にいた頃の様子をたずねると、学校では勉強がついていけずかなり苦労していたとのこと。就職時は、父がかなり面倒を見ていたが、その後、何度連絡しても返事がなく、一人でどうやって暮らしていたのか心配していた。

地域包括支援センターSWの意見
- 介護保険の対象であり、介護保険サービスの利用が可能だが、本人はこれまでどおり自分でできると思っている様子。

相談支援専門員の意見
- 本人の生育歴や、病院でのやりとりをみると、本人一人で今後の生活を組み立てていくことは厳しいと感じる。本人への支援として、障害福祉サービスや成年後見制度の活用は欠かせないが、その前に現在の状況を本人が理解してくれるだろうか。

気分転換を促すが、ほかには何も希望がないと具体的な方針にたどり着かない。その後、権利擁護支援センター相談員と相談支援専門員とがペアで潔さんを訪問し、本人の意向や希望を確認することにした。

退院という期限付きのなかで、形式的な質問が多くなったことを振り返り、これまでの生活歴や趣味、楽しかったことなど、少し話題を変えながら堅苦しさのない会話を意識した。最初は心を閉ざしがちだった潔さんも、訪問を重ねるうちに徐々に困りごとを口にするなど言葉も増えてきた。

事例から考える意思決定支援の実際

● **仮説・見立て**

　新しいことへの対処については支援が必要と思われるが、一度経験したことや日常的な内容については、一人で判断できるようである。長い一人暮らしで相当の経験を積んでいると思われるが、他者とのかかわりが極端に乏しかったせいか、相談したり、支援を受けたりすることについては慣れていない。しかし、少し時間をかけて関係性を築きながら進めていくことで不安を軽減できるかもしれない。

　現状では、徐々に歩行が難しくなるなかで、諦めてしまう場面も多かったと思われる。荒れた部屋の状況や、「別に……」とつぶやく言動などから、自暴自棄になっている面もうかがえるが、これからの生活の変化を具体的に説明することによって、理解される可能性は十分にあると予想される。

　将来、何らかの支援が必要であり、選択肢としては、介護保険や障害福祉サービスなどが考えられる。本人の自尊心にも配慮し、納得したうえでの利用となるよう、説明には時間と工夫を十分にかけていく必要がある。

● **意思決定に至るまでの支援のステップ**

ステップ①＜現状を確認し、本人の理解に応じて、状況を伝える＞

- 今回は緊急入院という始まりから、まずは症状の安定と今後の治療方針の決定が優先された。年齢や状況を考えれば、急性期の医療的な判断は外せない。安定した段階で、本人へ状況を説明し、今後の治療や、さらに生活全般の見直しを考えていくことが重要となる。
- 本人へのかかわりの前に、意思疎通の状態、近親者の有無、生活状況などについてできる限り把握する。今回は、身寄りもなく、唯一の兄弟も遠方のために情報が乏しい状況にあるが、会話によるコミュニケーションは可能である。しかし、急展開した現状のなか、戸惑いや周囲への強い警戒に対する配慮が必要である。

ステップ②＜関係づくり〜本人の意思を引き出すかかわり〜＞

- 書面への記述や質問の受け答えから、気になる点もうかがえたが、これまで一人で暮らし、いろいろな手続きを自身で行ってきた経験もある。本人のペースやこだわりなどにも配慮し、話しやすい雰囲気や環境をつくるように努める。
- 体調も落ち着いた頃、権利擁護支援センター相談員と相談支援専門員の訪問を開始した。最初はぎこちなさもあったが、次第に次の予定を気にするようになり、週1〜2回の訪問であったが、徐々に本人の表情にも変化がうかがえた。

● **意思決定支援にかかる具体的なアイデアや取り組み例**

　この間、看護学生の実習期間と重なっていた。日中、活動など一緒に過ごす時間も多く、実習生から次のような潔さんの発言に関して多くの報告が上がった。

「宅配ピザが大好きで、一人でよく注文していたかな。1枚食べられたね」
「(歩けた頃は)電車に乗って出かけることも多かったよ」
「ここの食事じゃ足りないね。菓子パンがほしいよ。ぶどうパンが好きだなあ」
「菓子パンは安くてお腹いっぱいになるんだ。口いっぱいに頬張りたいよ」

　本人との関係づくりにおいて、時間の使い方にもいろいろある。仕事となると限られた時間、つい多くの質問を盛り込みがちではないだろうか。本人の状況やペースに合わせた自由な会話から、面接ではみえない、本人らしさに気づけることも少なくない。

● 具体的なかかわりのポイント
　～意思決定支援の経過でみえてきた本人の変化～

　「食事が足りない。菓子パンが食べたい」という希望はあるものの、潔さんの健康を気づかう周りの雰囲気から、なかなか言い出せない様子だった。事前に本人に確認したところ、自分で伝えることは希望せず、MSWから伝えてもらいたいという希望があった。体調面もいくらか落ち着きがみられた頃、MSWから主治医へ本人の食事の要望を伝えた。結果、週1回程度で、間食として菓子パンなどを選べるように許可が下りた。院内の購買に選びに行くことで本人の表情に笑顔が戻り、症状の説明や今後について、話をする時間も少しずつ増えてきた。

「アパートは難しそうだね。もう歳だし、一人じゃ大変だし……」
「病気は進んでいくんでしょ。何を食べたかわからなくなる前に、食べたいものを食べたいんだよね」

ステップ③＜具体的な提案～本人の言葉を起点に～＞

- 入院から約2か月が経過していた。アパートへ戻ることも選択肢に入れ、戻ったときの不安や過ごし方を聞いてみた。
- 「あの部屋に車いすは狭いね」「一人じゃ買い物は難しいかなあ」
- 体調の変化によってできないことや、心配なことが本人の口から出るようになった。そして、アパート以外の生活についても考え始めたようである。

④ その後の支援(3か月後)

　今後の手続きとしては、アパートの解約と施設選び、利用契約、金銭管理(年金申請等含む)などが必要となることから、本人には成年後見制度の利用について提案することとなる。そこで、アパート暮らしを振り返りながら、今後の生活で潔さんが不安に感じる点を一緒に整理した。

　通帳の残高が減っていることには本人も気づき、心配している。車いすでの生活を続けるには今のアパートは難しい。新しいところに引っ越すにも自分一人では動けない。これらを一緒に考え、できないことを代わりに引き受けてもらえるなら、と少し安心した様子

もうかがえた。これまでの相談員とのかかわりがベースにあったためか、少しイメージしやすかった様子で、成年後見制度利用を前向きに検討している（保佐類型）。

退院後は、特別養護老人ホームへの入所を予定。本人からは、自分の年齢にふさわしいと好印象で、これまでの病院でのケアに安心感を抱いたせいか、「同じようなところでの生活がいいかな」と希望している。逆に、障害福祉サービスについては、自身が利用する認識が低いように感じた（これまで特に障害福祉サービスの利用もなかったが、年齢的に見合う介護保険のほうが自然と利用しやすかったのかもしれない）。

事前カンファレンスでは、病院でうかがった食事への希望が尊重された。嘱託医による定期検診で様子を見ながら、数値に問題がなければ、月2回の買い物が許可された。現在は、職員の付き添いで近所のコンビニに買い物に出かけているが、今後はボランティアセンターを通じてボランティアを依頼する方向で考えている。

月2回の外出ではあるが、移動中の会話から潔さんの趣味的なものもうかがえた。読書が好きで、特に歴史物に興味があるようだった。

⑤ 支援全体を通しての気づき

何らかの困難を抱えながらも、一人でなんとかやりくりして今日まで暮らしてきていることは珍しくはない。しかし、何らかの要因でその歯車がくずれたとき、生活が大きく変化することがある。そのとき、専門職としてどういったアプローチが大切であるか考えるケースとなった。

本人の生活背景を把握し、できること、やりたいことを探る。その際、関係づくりを重視し、事務的なかかわりだけではなく、本人のペースに合わせた進行を心がけてきた。

本人の言葉を起点とし、内発的動機となるように支援を組み立てることで、本人らしさが確保されたように感じる。

選択肢の設定や提案においても本人がどれくらい理解し、どの程度の力があるかの見極めを慎重に行った。使えるものをすべて使うのではなく、本人に合った最小限の支援から始めることにより、今取り組むべきものが整理できたのではないか。

この事例の「ここに」注目してください！

- この事例に登場する本人（＝福島潔さん）は、他人からの干渉を嫌い、家族や周囲の人との関係をつくらずに生活してきましたが、ある日突然、病気によって暮らしが立ちゆかなくなってしまいました。
- 医療的な制限と本人の生活上の希望が葛藤を起こしています。とりわけパンなど、好きなものをたくさん食べたいという希望は、栄養管理の必要性と対立しています。入院中は先行きの見通しも立たず、私たちでも不安になります。第3章にあったように、意思決定には決定内容の理解や帰結の理解なども重要ですが、それらが把握できないなかでの大きな決定は、本人にとってかなり難しいことでしょうし、環境としても不十分であるといえるかもしれません。
- また、この急な入院を、本人にとって見過ごすことのできない重大な影響が現に生じている（しかも、決定を先延ばしにはできない状態）ととらえ、第1章でいうところの「レスキューの相」にあたると考えれば、本人にとっての最善の利益を確保するために、健康・栄養管理を優先させることもやむを得ないと考えられます。
- 本人には糖尿病があり、間食もままならないのですが、支援者は医師の許可をとりながら、潔さんの「菓子パンが食べたい」という気持ちを軸に据えて、支援を進めています。看護実習生との自由な会話は、環境としてのコミュニケーションのしやすさをつくることに役立ちました。また、支援者もこれに合わせて日常生活に近い関心事を話題にすることで、そのときの葛藤ポイントに限らないさまざまな観点から関係性をつくることができたと思われます。
- 社会的に孤立していたといってもよい本人に対して、相談支援専門員や介護支援専門員などの支援者は、すぐに成年後見制度に移行するのではなく、本人との関係づくりから始めています。この事例では、本人を取り巻く環境を整えること（＝院内の購買で菓子パンを選んで買い、それを食べるということ）を通じて、自己の状況を客観的にとらえる心のゆとりをつくり、内発的な動機づけを醸成していきました。その結果として、本人は現実を受け入れ、意思決定につながったと考えられます。

人生の集大成の生き方支援

Case 5　認知症のある佐藤さんとともに人生の最終段階における自分らしい過ごし方について考える

1　事例の概要

● 基本情報

氏名（性別）・年齢　佐藤弥生（女性）・90歳
家族構成　一人暮らし
生活環境　自宅（持ち家／佐藤さん名義）
病名　認知症
意思疎通の状態

　これまでMCI（軽度認知障害）は指摘されており、年齢相応のもの忘れはあった。一人暮らしが長く、亡くなった夫の介護や近所の人の世話をしてきた人である。言いたいことははっきり言う、また、人の世話にはならないことをモットーとしており、こだわりが強く感情の起伏が激しいところがある。意に沿わない場面では激高することもあった。
　入院時、病気や環境の変化に伴ってせん妄状態となったことで、コミュニケーションを図ることが難しくなり、感情面が先立ち、意思決定の場面にも不安が生じ、支援が必要となっている。

● 家族関係図（ジェノグラム）

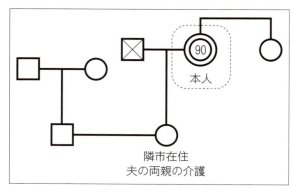

約20年前に夫が病死
一人娘は隣市在住、妹は市内在住、行き来あり

● 社会関係図（エコマップ）

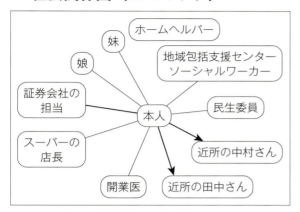

- 近所に一人で暮らしている田中さんと中村さんへおかずをお裾分けし、話し相手をしている。
- 民生委員と仲がよく、田中さんと中村さんの見守りにも協力している。
- 配達可能なスーパーの店長となじみの関係にある。
- 株式投資をしており、証券会社の担当とは長いつきあいで信頼を置いている。
- 隣市に住む娘は夫の両親の介護をしており、母親として相談相手になっている。
- 地域包括支援センターのソーシャルワーカー（以下、SW）とは近所の支援者として出会い、十年来のつきあいがある。
- 週に一度、ホームヘルパーがゴミ出しと掃除の支援をしていたが、現在は利用していない。
- 近所の開業医へは年に一度、健康診断に行っている。

2 支援の始まりと経過

● 支援の始まり

　一人暮らしの佐藤さんは、ベリーショートの白髪で男勝り、一見すると怖そうだが、情に厚いところがある。同じく一人暮らしで認知症のある田中さんや中村さんに、おかずの差し入れをしたり、話し相手になっており、地域包括支援センターのSWも民生委員とともに、佐藤さんのことを近所の支援者という頼もしい存在として認識してきた。

　佐藤さん自身が腰痛のために掃除の支援を希望し、ホームヘルパーを利用したことがあったが「物を盗っていく」「やり方が気に入らない」とすぐに利用を中止した。

　佐藤さんと出会って数年が経過した、ある日のこと、「ちょっと相談したいことがあるから家に来てほしい」と本人からの電話を受け、地域包括支援センターのSWが訪問した。話を聞くと、腰痛が悪化し、近所の開業医へ行こうか悩んでいるという。特段の既往もない佐藤さんだが、この頃は食欲がないとのこと。見た目にもやせていたが、腹部だけが異様にふくらんでいた。すぐに受診を提案し同行したところ、腹水がたまっており、即座に

検査入院を勧められた。

　これまでの人生、「お産以外で入院したことなんてない」という佐藤さんが、気持ちの整理もつかないまま、その日のうちに入院となり、地域包括支援センターのSWは、本人と相談しながら、家族や病院間の調整の支援を行った。

● 支援の経過

　急な入院支援から1週間が経過した頃、病院の医療ソーシャルワーカー（以下、MSW）から地域包括支援センターのSWに電話が入った。間もなく確定診断が出ると思われるが、佐藤さんは、末期のすい臓がんに侵されており、がんの脳への転移もみられるという。その影響とは言い切れないが、せん妄状態で混乱が続き、介護拒否も強いため一般病棟では対応が難しくなった。家族に説明を行い、医療保護入院として、精神科病棟への転院も検討中ということであった。

　その直後、娘からも電話相談が入った。「先生から、母は重度の認知症と言われました。もともと家では一人で好き勝手やってきた母ですし、声が大きくて人の言うことを聞かないでしょ。所構わず怒鳴り散らすしね。先生の言うとおり、精神科に入ったほうがよいのでしょうか。娘である私が同意すればと言われても、もう長くもない母のことを母任せにしてきた私が決めることなんてできません」。娘は電話の向こうで泣いていた。

　地域包括支援センターのSWは、連絡を受け、すぐに病室にかけつけた。以下は本人との面接の様子（逐語録）である。

SW：佐藤さん？
本人：おう（臥床し、背中を向けたまま、しぼり出すような声）。
SW：具合、悪そうですね（本人の顔が見えるほうに回り込む）。
本人：これや（首を右手で切るしぐさ）。
SW：ん？
本人：病院からヒマ出された。
SW：ヒマ？　病院とうまくいっていない？　佐藤さんの思うことと病院が思うこと、ずれてるとか？
本人：SWさん、私も90やってことなんやろ。
SW：はい、去年のお誕生日で90歳でしたね。
本人：もうこれや（首を右手で切るしぐさ）。
SW：佐藤さんは、それでいいんですか？　人の世話にがんばってきた人やのに。
本人：（うなずく）いいんや、私も疲れたわ。
SW：がんばって生きてきた佐藤さんがそんな気持ちになってるの、私、悲しいです。
娘：今朝まで、病院のスタッフさんとドンパチやってたから疲れたんだと思います。
SW：（娘のほうに顔を向け）佐藤さん、人のお世話はするけど、人の世話にはなりたくない人だから……。

娘　：本当にそうなんです。病院さんにも申し訳ないし、母にもつらい思いさせてるし（泣く）。
SW　：（本人のほうに向き直り）佐藤さん、このままじゃしんどいですね。
本人：（うなずく）
SW　：佐藤さんがしんどいの、どうしたら軽くなるんだろう……。
本人：SWさん、今は早く死にたい。
SW　：佐藤さんらしくない台詞ですね……。そんなこと言うのはよっぽどですね。
本人：死んだら、家に帰れる（声がだんだん小さくなる）。
SW　：それって、家に帰りたいってこと？
本人：死んだらな。それまではここにおるしかない……（無言になり、疲れたのか寝息）。

この日の面接は、ここで終了した。

佐藤さんの変化（病気発覚、入院後）

　病気になっても、入院患者になっても、佐藤さんが佐藤さんであることは変わらず、その存在や価値には何ら変化はない。
　しかし、入院後の佐藤さんの言動には大きな変動がみられていた。だれよりも生きることに前向きで、率先して人の世話をしてきた佐藤さんから、初めて「死にたい」という言葉が発せられた。
　これまで自分のことは自分で決めてきた気丈な人だった。しかし、入院後は、「重度の認知症」という表現で扱われ、本人ではなく、家族に今後の方向性を決める意思決定が求められているという状況があった。

ここがポイント❶

　佐藤さん本人の言動が、「病気」をきっかけに突然大きく変わってしまいました。
　これは、佐藤さんを取り巻く環境と、その環境のなかに置かれたポジションの変化が大きいように思われます。ポジションは、周囲からの呼び名に如実に現れます。
　これまで、地域の「支援者」と呼ばれてきた佐藤さんが、「患者」と呼ばれ、「重度認知症」と呼ばれ、あるいは「支援困難事例」と表現されるに至りました。
　こういった文脈を知っていると、今現れている本人の強い拒否を含む言動や混乱は、このような環境への抵抗に過ぎないと理解できます。しかし、この段階で初めて出会った関係者の目に映った本人の姿は「意思決定困難者」と見えたのでしょう。医療スタッフたちは、本人の代わりにこれからの方向性を決定できる存在を求めていました。そこで期待されたのは、これまでの佐藤さんを知る家族や支援者である地域包括支援センターのSWでした。
　このような場面で、私たちがまず行うべきは、降りてしまった意思決定の舞台に、人生の主人公である本人をまず引き上げることなのかもしれません。

③ 意思決定に支援が必要な場面

● 人生の終い方は生き方！　患者である前に利用者である前に、自分らしさって？

　突然の病気に気持ちの整理もできないまま、間もなく出るであろう確定診断を前に、最期をどこでどのように過ごすかという決断が迫られていた。
　ここまで、そんな本人を取り巻く家族や医療機関のスタッフの表情からも疲れや困惑がにじみ出ている。現時点でのそれぞれの考えを次のように聞くことができた。

病院の意見
- 佐藤さんは、末期のすい臓がんのため、入院療養中の認知症患者。
- 安静の必要があり、転倒のリスクも高い。指示が入らず一人で病室を出ようとしたりする。
- 看護師の手を振りほどき、介護抵抗が強く、大声を出すため、ほかの患者の迷惑になっている。
- 超高齢であり、一人暮らしであるため、在宅退院は現実的ではない。
- 本人も家族もがんについて積極的な治療を望まないのであれば、早急に精神科への転院を勧めたい。

| 娘の意見 | ● 高齢であり、以前より延命治療は望まないとも言っていたため、積極的な治療は望まない。
● 一人暮らしが長く、声が大きくわがままなところがあるが、それはもともとの性格なのにと、それだけで認知症と決めつける病院を正直腹立たしいと思っている。
● 余命いくばくもない状態で、こんな母じゃなければ(人の世話になることが嫌いで、娘が背中を支えても触るなと怒る)、私が面倒を見ることもできたのに…。だから、病院のお世話になるしかない。病院の言うとおりにすべきなのか…。家族が決めるなんてとてもできない。 |

| 民生委員の意見 | ● 地域の一人暮らしの人など、民生委員である私以上にお世話をしてくださってきた方でした。どれだけの人が佐藤さんのお世話になってきたことか。
● 読書家で、宗教の本を、宗派を超えて読みあさっており、「人はいつか死ぬ、いつ死んでも悔いのない生き方をしてきた」と悟りを開いているようなことを言っていた。
● ご主人を亡くされてから、家を一人で守ってがんばって生きてこられた。 |

| 地域包括支援センターのSWの意見 | ● 自分なりに筋のとおった強い生き方をしてきた佐藤さんだが、こだわりが強く、これまでの本人を知らない、初めて会った人はびっくりしてしまうところがあるのは、無理はない。
● かといって、認知症で精神科への転院というのは短絡的な決定と思われる。
● 本人は、本当はどうしたいと思っているのか、そこを聞き出すためにはもう少し時間が必要か。
● もしも在宅退院ということであれば、それは可能なのか、介護拒否がある本人、医療的な問題はどうなるのか、リスクばかりが浮かぶが、このまま終わってはいけないという思いもある。 |

事例から考える意思決定支援の実際

ここがポイント❷

　意思決定場面にかかわる関係者には、それぞれから見える風景があり、思いがあります。
　一見すると、互いに理解が難しい発言であっても、それぞれの立場からとらえ直すと、なるほどと納得できることもあります。なぜなら、根底にある「本人支援のために」というところは、共通しているからです。
　いずれにしても、背景や考え方の違う多職種との連携においては、互いの違いや思いを理解するというところがスタート地点となります。その際、上記のように、それぞれの主語と立場を明らかにし、意見を比較してみることで整理がつけられます。多職種連携会議の場面では、ホワイトボードを使って図や表、吹き出しなどで表すとよりリアリティが出ます。
　ところで、ここで、ふと立ち止まりたいと思います。チームアプローチにおいては、多職種での議論に夢中になるあまり、私たちが大事にしているはずの本人が欠けてしまっていないか常に点検が必要です。
　複数の関係者間での意思決定の支援方針においても、本人から見える風景に立ち返り、本人が発している言語、非言語のメッセージを見える化して、共通認識してみることが大事になります。

● **本人の言葉や意思の表れ**

　意思決定を支援していくための会議に向けて、改めて、佐藤さん本人が発している言動のなかから、佐藤さん自身の意思がうかがえる内容を整理した。

> ①　SWが聞き取ったこと
> 　「今は早く死にたい」
> 　「死んだら家に帰れる。それまではここ（病院）にいるしかない」
> ②　家族が聞き取ったこと
> 　「あんた（娘）に迷惑かけるくらいなら、いっそ切腹するわ」
> 　「延命は望まん。畳の上で死ねる方法がないか、本で探しとるけど、見つからん」
> ③　民生委員が聞き取ったこと
> 　「人はいつか死ぬ。いつ死んでも悔いのない生き方をしてきた」

● **仮説・見立て**

　改めて書き出してみると、急激な変化に困り果て、疲れ切り、すべてを諦めてしまっている本人の様子がうかがえた。

在宅の頃より、佐藤さんは死を身近なものとして感じていた。「人はいつか死ぬ」と繰り返し発言していたことからもわかる。しかし、死を迎えるための具体的なイメージについてはどうであったか。佐藤さん自身が最期をどこでどのように過ごしたいか結論を見出せないまま、そのヒントがないかとさまざまなジャンルの本を読み、模索し続けていたのかもしれない。

そうしたなかで突然の病気に見舞われ、今もはっきりした意思がもてない状態にあるのではないだろうか。結果、入院継続という選択肢しかないと思い込んでしまってはいないだろうか。

今の佐藤さんが、せん妄からくる不穏や混乱状態にあるのは事実だが、かといって、意思決定を行う「能力がない」と判断するのは早いのではないかと考え、まずは、自己決定を行うための情報や環境整備の調整を前提にした取り組みを行った。

ステップ①＜関係者間の会議～意思決定を支えるチームづくりにむけて～＞

- まずは、意見の分かれている関係者間での話し合いを行った。
- 本当に、精神科病院への転院の一択しか、本人の最期を過ごす場はないのだろうか。本人は、それを本当に望んでいるか。入院継続も含めて諦めてしまっているだけという可能性がぬぐいきれない。本人の選択肢を再考するために、家族や在宅支援者も含めた病棟カンファレンスにて検討を行った。
- 会議では、多職種の観点から選択肢を広げ、それぞれのメリットとデメリットを両面で検討した。
- 精神科病院への転院のほか、退院して自宅へという選択肢が浮かび上がったが、そのためには「人の世話になる」という本人にとって受け入れがたいサービス利用についての話し合いが必要となる。

ステップ②＜本人との面接～本人が意思を形成することの支援～＞

- 病室の本人との面接においては、意思形成支援および意思表明支援のプロセスを意識して行った。
- 意思形成においては、必要な情報について、本人にとってわかりやすい説明を行うことを心がけた。また、理解度や反応をよく確認しながら面接を進めていくことを事前に確認した。
- 本人が何を大事に生きてきたかの価値観を共有している、家族や在宅支援者とのなじみの関係性を基盤として、本人が安心して自由に意見を言える環境を大事にした。
- 以下、本人との面接場面を逐語録で示す。

娘と地域包括支援センターのSWとで病室を訪ねる。扉をノックするが、応答なし。

娘　：入るよ。SWやよ。わかる？
本人：おう。SWさんかあ。
SW　：はい、SWです。佐藤さん、いかがですか？
本人：最悪や！（一際大きな声で）
SW　：最悪？　……そんな顔してますねえ。
本人：そうや！
SW　：どう、最悪？
本人：何もかもや。早く死んで帰りたい。
SW　：帰りたいのって、家に？　入院がしんどい？
本人：そうや！　人間扱いされとらん。生きとる気がせん。
SW　：情に厚い、人間らしさが佐藤さんのいいところなのに、それはいけない。
本人：ここに一日でもおりたない。早く死んでうちに帰りたい。
SW　：死んで帰っても、うちにいるほうが、生きてるって気がする？
本人：うん。死んでもいいから生きたい。
SW　：うんうん。私も佐藤さんが、どこにいても生きてるって実感をもてることを大切にしたいと思いますよ。
本人：……。
SW　：ね……（娘のほうをちらっと見る）。
娘　：あの、母も私も、病院にいるしかないって諦めてたんですが、先日のみなさんの話を聞いて、家に帰るって選択肢がもしもあるのならって。私もあれから考えてて。自信はないけど、とにかく私も病院にいるのがかわいそうで、私の家に来ないかってもちかけてみたんですが、「行かん」の一点張りで（泣きだす）。一人暮らしなんて無理だよ、お母さん。
本人：わかっとる。ここで死ぬ！
SW　：そうですね。佐藤さん、ここまで自分だけでがんばってきた人ですからね。難しい面はありますね。一人暮らしということになると、医療も介護も受け入れる必要があるでしょうし。
娘　：それをこの人が受け入れるか……。今、看護師さんともめているのもそれだし……。
SW　：どうでしょう。そこがクリアできたら、娘さんとしては、在宅退院もありかとお思いですか？
娘　：母がそれを納得するなら、夜は私、泊まり込んでもいいと姑も言ってくれてます。お金もこの人が貯めてきたものだから、そのために使ってほしいですし。ただ、このとおり頑固な人ですから……。
SW　：佐藤さん！
本人：死にたい。

SW ：佐藤さんがあの家に帰りたいって、娘さんも私もよくわかりました。そのうえで、佐藤さん、生きてるうちに帰る方法ってないかと、現実、どうやったら帰ることができるのかって相談してみたいんだけど。

本人：頼む！　帰りたい！

SW ：帰るのは私じゃなくって、佐藤さんだから（笑）。佐藤さんの体の状態、入院前と変わっているのわかるよね。そしたら、生活も入院前と変わるってことになるんだけど。

本人：わかる。

SW ：私も佐藤さんとは長いつきあいになって、佐藤さんが、どれだけ今まで一人、人に頼らずにがんばってきたか知ってます。

本人：そうや。

SW ：だから、言うんだけど。帰るとなると佐藤さんが一番苦手な「人に頼る」ってことを、ある程度していかなければならないかもしれない。

本人：わかる。どこまでこれに移れるかもわからん（ベッド横のポータブルトイレをあごで指す）。

SW ：そう。家に帰るってことは、佐藤さんにとっては、人の世話になる覚悟が必要になることですね。

本人：わかる。任せた。

SW ：一緒にやってみますか。

本人：本当はここに一日でもおりたない。

娘　：お母さん、やっぱりそうだったんだよね……。

SW ：佐藤さんが死にたいっていうのは、家に帰りたいってことだったんですね。

本人：（うなずく）

SW ：娘さん、どうしますか？

娘　：私もなんとかなるものなら……。

ここがポイント❸

　この日の面接によって、本人の「家に帰りたい」という思いがはっきりと浮かび上がりました。表面的には「死にたい」という言葉が表出されていましたが、それは「家に帰りたい」「家で死にたい（生きたい）」という思いの裏返しであることがみえてきました。その思いは、今後の支援の方向性を示す羅針盤となっていきます。

　この日の面接に至るまで、本人の意思決定支援のための人的・物的環境の整備についても議論を重ねました。当初、病棟カンファレンスへの早い段階での本人の参加についても検討しましたが、まだ自らの意思がはっきり固まっていない状態で、大勢で本人を取り囲み、決定を迫ることにはならないかとリスクに配慮しました。そのため、病室（個室）での面接というかたちで、意思形成支援を行いました。立ち会う人については、本人がこれまで何を大切に生きていたかを知る家族のほか、地域包括支援センターのSWを選んでいます。

　本人が意思を形成することの支援を行う場面には、時間と情報などに加え、環境を整えていくことがとても大切になります。

ステップ③＜関係者間の会議〜体験の機会の確保〜＞

- その後の面接のなかでも「帰りたい」という言葉が繰り返しみられるようになった。
- そこで、病院のMSWへ依頼し、再度病棟カンファレンスの開催に至る。
- 本人の意思は在宅退院へと傾いているものの、入院中から看護や介護のスタッフへの介護拒否も強い本人が、在宅退院の必須条件となる医療や介護のサービスを受け入れることができるのか、不安視する声が圧倒的に多かった。
- そこで、結論を急がずに、まずは外出や外泊（体験の機会の活用）をしてみることが提案され、関係者間でも合意を得た。
- 心身の変化を受けて、これまで過ごしてきた一人暮らしがどのように可能であり、どのような課題があるかを、本人・関係者ともに共有する方向性が決まった。

ステップ④＜本人との面接〜本人が意思を表出することの支援〜＞

- 外泊当日は、看護師の資格をもつ付き添いを手配した。また、福祉用具業者から、入院中のため自費サービスによる電動ベッド、車いすの貸与、ポータブルトイレの購入を調整し、娘も同行するという体制を整えた。
- 外泊当日、時間をずらして、地域包括支援センターのSWが訪問し、様子をうかがうことにしていた。
- しかし、福祉用具の業者から、本人がベッドを拒否しているが、どうしたらよ

いかという連絡が入り、予定を変更してすぐさま訪問するに至った。
・以下、本人との面接場面を逐語録で示す。

　自宅を訪問すると、奥の間から、本人の怒鳴り声が聞こえてくる。玄関先から呼びかけると、訪問していた民生委員が渋い顔をして「この調子や、SWさんも入って」と迎え入れてくれた。

娘　　　：あ、SWさんまで、申し訳ありません（涙目で）。
SW　　　：どうされたのですか？
娘　　　：最初は納得してたんですよ、でもね……。
福祉用具業者：すみません。僕が組み立てに時間がかかってしまったせいで……。もう少しで完成ですので、すみません（額にびっしょり汗をかきながら）。
本人　　：こんな複雑なもんはいらん。このベッド（以前使用していたパイプ製）があるからいらん！
民生委員：佐藤さん、せっかちだから、待ちきれなくなったんだと思う。
SW　　　：佐藤さん？
本人　　：……知らん（背中をむけて、もとのベッドで寝ている）。
福祉用具業者：はい、これで完成しました！
本人　　：……。
SW　　　：娘さん、民生委員さんも、一緒に説明を聞かせてもらいましょうか。
福祉用具業者：このボタンを押すと、背もたれが上がります（電動ベッドの一連の説明）。
民生委員：そういうことか。さすが介護用のベッドやね。
福祉用具業者：起き上がりやポータブルトイレへの移乗の介助が格段、楽になると思います。
娘　　　：そうね、そうだわ。私が助かるわ！
SW　　　：佐藤さん、そういうことやわ。このベッドは、佐藤さんのためっていうよりも、佐藤さんを介護する人のためのものかもしれないですよ。
本人　　：……（振り向いてこちらを真顔で見つめる）。
福祉用具業者：一旦、ベッドはここに置いていってよいですか。
娘　　　：お願いします。
　（福祉用具の業者を娘が見送りに行く）
民生委員：佐藤さん、いいの入ったやん。見てみて。
本人　　：（無言でうなずいて、電動ベッドのほうに目をやる）
民生委員：ほら、新しいベッドはどう？
本人　　：私は、もう90歳や。
SW　　　：はい。佐藤さんは、お誕生日で90歳になられましたね。
本人　　：90になったら、死ぬことしか考えとらん。

SW：佐藤さんの考えてること、聞かせてほしいです。
本人：私は間違えとった。
SW：ん？
本人：10年間、本を読んできたことを無駄にするところやった。いかん、いかん。
民生委員：佐藤さん、明けても暮れても本、読んできたもんねえ。
本人：それなのに、間違いを起こすところやった。あの人（娘のこと）に言われたんや。「私が助かる」って。
民生委員：言ってた、言ってた。聞いた、聞いた。
本人：ハッとしたんや。何のために本、読んできたんか無駄にするところやった。
SW：それを聞いて、佐藤さん、本を読んできたことを思い出したん？
本人：そうや。なんて自分のことしか考えてこんかったんか。なんて愚かなことやったんかって思った。
SW：本を読みながら考えてきたこと、思い出した？
本人：そうや。私90や。10年読んできた。もう思い残すことない。
民生委員：なんか、佐藤さん、すごくいい顔しとるね。
本人：……。
SW：うん。病院にいるときは、病人みたいな顔になってたけど、今は佐藤さんの顔してる。
本人：そうや。病院でほんとの病人になるとこやったわ。
SW：ううん。佐藤さんらしい顔や。

ここがポイント ❹

　退院時期が決まっている、死期が迫っているといった、時間的制約が課せられるなかでも、本人が意思を形成し、表明することの支援は、時間や空間の工夫をもって可能となると考えられます。

　特に、入院先からの外出や外泊は、絶好の機会となります。院内で「患者」として過ごしてきた本人ではありますが、住み慣れた自宅という環境に戻ったとたん「生活者」としての感覚を取り戻せるという瞬間が訪れます。

　このとき、自身のもつ信条や価値観等を再認識し、「自分らしさ」とは何であるかを考えるきっかけを得ることができます。しかしながら、入院前と変わらぬ環境に身を置いたとき、入院中に変わってしまった自分の心身の状態などを実感し、これからの生活に応じた変化が求められるのだという現実とも否応なしに向き合うことになります。

　支援者は、最初の段階で示された本人の意思表明に縛られすぎないことも大事です。あくまで意思形成の過程で表明された第一声だととらえておきます。時間の経過や本人の置かれた状況などによって意思や決定も変えてよいのだということを常に保障しながら、意思決定のプロセスに寄り添っていくことが求められているのではないでしょうか。

④ その後の支援

● 在宅への退院支援および看取り（本人の急変から、およそ2か月後）

　そこからの展開は早く、要介護状態区分の変更申請を行い、その結果を待たずして、暫定のケアプランが組まれることとなった。新たに支援チームに加わった介護支援専門員とかかりつけ医を中心として、佐藤さんの在宅支援が始まった。娘からの直接的な介護は本人が望まず、状態に応じて、訪問看護や訪問介護といった介護保険サービスを中心に受け入れていった。

　その過程において、佐藤さんの「家に帰りたい」「家で死にたい（生きたい）」という思いは一貫していたが、「支援を受け入れる」という点においては、迷いや揺らぎはあり、家族や医療機関、サービス事業所との衝突も少なからずみられた。

　在宅での一人暮らしを再開して約1か月後、佐藤さんは、娘が見守るなか、住み慣れた自宅で息を引き取った。

娘の感想	● 今思っても、母の人生を娘の私が決めることは、とても無理でした。 ● 入院したときは、「死にたい」しか言わない母に、それが母の意思なのであれば、いっそ尊重すべきなのかと、馬鹿なことまで真剣に考えて……。追い込まれてたんだと思います。 ● みなさんが、チームになって私の母のことを真剣に考えてくれたことで救われました。 ● 母が、最期に「ありがとう」って私に言ってくれて。母は家に帰って言いたかったのかな。みなさんがいてくれたおかげで、母の母らしい最期だったんじゃないかと思っています。
地域包括支援センターのSWの感想	● 佐藤さんには意思決定支援の難しさも大切さもいろんなことを教わりました。 ● 意思決定支援ってチームじゃないとできないことなのかもしれないと思いました。一人でやれるっていうのは、ただの思い込みになっていないか点検が必要ですよね。チームで話し合いを重ねたなかで本人の「こうしたい」「こうありたい」の根拠が生まれたように振り返ります。 ● 意思決定支援は、「自分らしさ」を一緒に考えていく過程なのかもしれないですね。

👆 この事例の「ここに」注目してください！

- 高齢者の場合、非常に短期間のうちに本人（＝佐藤弥生さん）の病気や障害の程度が変化していきます。また、ライフステージも終わりに近いことを自覚している人が多く、「人生の終い方」を決めている人もいますが、実際にその時を迎えると心が動揺することも当然あると思います。支援者は、この揺れも含めて、チームで受け止めることになります。そのため、本人から最初に表出されたものを大事にしながらも、意思や言動が変化していくことも認識しながらかかわることが支援者には求められます。

- この事例では、せん妄や認知症といった条件に加えて、本人のふだんの姿を知らないことで本人が「意思決定困難者」とみなされる懸念を指摘していることは重要です。英国意思決定能力法（MCA）でも、単に障害や病気などの条件だけでその人の意思決定能力がないと考えてはいけないと指摘しています。また、意思決定が可能なときと困難なときがある場合には、本人の決定可能なときに意思を聞くよう示唆しています。この事例では本人が感情的に混乱しているときを避けて意思を確認していることに注目します。これも環境の調整の一つ（時間、タイミング）といえます。

- 本人との面接記録をみると、「死にたい」という言葉を巡る意味の広がりと深まりに気づかされます。前半の「意思決定が困難」とする姿勢から、後半の「意思がある」「意思決定できないとはいえない」とする仮定の変化により、「死にたい」という言葉の意味を具体的に「どうしたいのか」「何を望んでいるのか」に広げていくことができました。序章でも少しふれていますが、意思決定の支援過程で発生する葛藤は、実は本人意思を周囲が十分に受け止めたり解きほぐしたりすることによって解決される場合があります。

- なお、この事例を「人生の最終段階における医療・ケアの決定プロセスに関するガイドライン」を参照しながら理解するのに少しずれがあるかもしれません。しかし、あえて当てはめて考えるならば、ガイドラインにおける決定手続(1)「本人の意思の確認ができる場合」に従うべきであり、(2)「本人の意思の確認ができない場合」には至っていないことに留意してもらいたいと思います。

親亡き後を考える支援

Case 6 長年にわたり家族と暮らしてきた知的障害のある幸夫さんとともに家族と離れた暮らしについて考える

1 事例の概要

● 基本情報

氏名（性別）・年齢 松本幸夫（男性）・38歳
家族構成 父親（72歳）と母親（73歳）との三人暮らし
生活環境 自宅（持ち家）
障害の状況 療育手帳A（重度）
意思疎通の状態
　着替えなどの日常生活行為については、子どもの頃から母親が自分でできるように育てており、ある程度主体的に行うことはできる。しかし、社会生活行為における意思決定については経験が少なく、支援が必要である。

● 家族関係図（ジェノグラム）

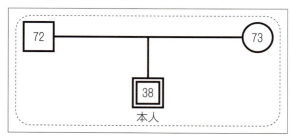

● 社会関係図（エコマップ）

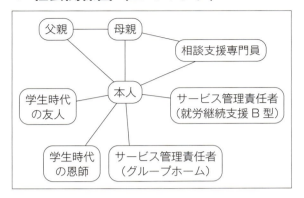

2 支援の始まりと経過

● 支援の始まり

　幸夫さんは一人っ子で両親と暮らしており、主に母親の支援を受けながら生活をしていた。幼少期から親亡き後のことを見据えて、身の回りのことを自分でできるようにしたいといった母親の思いがあり、着替えなどの日常生活の行為については自分で行えるように取り組んでいた。

　養護学校（現在の特別支援学校）を卒業した後は、就労継続支援B型事業所（以下、事業所）で仕事を続けながら、両親とともに穏やかな生活を続けていた。

　しかし、月日が流れ、両親が高齢化したことに伴って親亡き後のことを家族で考えるようになり、事業所と同じ法人が運営するグループホームでの暮らしが両親からするといちばんよいのではないかと考えるようになった。

　幸夫さんは経験のないことをイメージしたり、決めたりすることが難しく、今後どのように支援をすればよいのかが課題となった。そうしたなか、母親から相談支援専門員に相談が持ち込まれた。

　相談支援専門員は本人がどんな思いをもっているのかを把握しながら、将来の生活を検討することが必要と考え、本人への面談および関係機関を含めて支援の方向性を検討する必要性を感じた。

● 支援の経過

　相談支援専門員は本人と家族に面談を行った。

　家族からは、卒業後に本人たちの働ける場をつくりたいという思いから家族会で作業所の見学を行い、現在の事業所の前身である作業所の立ち上げに至ったという話を聞かせてもらった。また、幼少期から人の手をなるべくかけないようにといった思いがあり、着替えなど、自分で行うようにかかわっていたことも確認できた。

　作業所に勤めて以降、友人や支援者、ボランティアとともにできることが増えたために

本人が自信をつけてきたことや、家族会や作業所職員とともに地域の憩いの家を活用して、友人たちと宿泊した経験があることも確認した。

一方で、家族が中心となって本人の生活や余暇を組み立てており、養護学校の高等部卒業後、約20年間に渡り、本人の意思を尊重したり、推測することについては十分に行えていないことが確認できた。

本人からは、仕事を通じてパンやクッキーづくりに取り組んでいること、宿泊体験で友人と楽しく過ごすことができたことを確認した。また、学生時代の思い出を話し、卒業後に恩師と年賀状のやりとりをしていることをうれしそうに話した。

今後の暮らしについて「お母さんはグループホームで暮らしたほうがよいと言われていますが、幸夫さんはどのように思っていますか」「お友達と一緒に暮らしてみたいですか」「これからも自分の家で暮らしていきたいですか」などの質問をしてみたが、グループホームや別の場所で生活をすること、また、余暇などの意向を表出することはなく、家族が高齢化した後の不安などについても思いを表出することはなかった。

これらの情報から、グループホームへの入居をすぐに決定するのではなく、本人が経験したことのある友人との宿泊体験を活用してはどうか、また、余暇などの日常生活における支援も含めて本人の意思を確認しながら、本人を中心としたチームで意思決定支援を行う必要があるのではないかと考えた。

そこで、本人、母、家族会関係者、事業所の職員、相談支援専門員で担当者会議を開催し、将来に対する家族の不安、本人の過去、現在の生活を確認したうえで、本人の意思形成や意思表明をどのように行うのか、今後の支援の方向性を検討した。

余暇については、家族と一緒に買い物や野球観戦に行くこと、また家族会や事業所の行事などへ参加をすることはあるが、場所など自分で決める経験はなかったとのことだった。そこで、まずは本人の興味関心を知り、本人が理解できるような情報提供の工夫を考え、支援することを確認した。

グループホームについては本人から明確な意思表出はなかったが、過去の経験をもとに定期的な宿泊体験を企画し、実践しながら本人の意思を確認することになった。

幸夫さんの変化（担当者会議から、およそ2か月後）

　同じ事業所に通っている友人たちとともに月1回の宿泊体験を開催しており、楽しそうな様子はうかがえるが、家族と離れて暮らすイメージはできていない。

　本人との面談およびアンケートを実施し、継続や回数についての意向を確認したところ、今のペースで続けることを希望した。

　外出については面談を繰り返すなかで、友人と一緒に買い物に行きたいという希望が表出され、いつ、どこへ、誰と、どのように行くか、言葉（例えば、友人という広い質問から、○○さんという狭い質問）や写真を使って本人に選択・決定をしてもらうように配慮した。その結果、休日に友人、相談支援専門員とともに、バスを利用して駅前のショッピングセンターへ買い物に行くこととなった。

　外出や宿泊体験などの支援を継続していくが、幸夫さんの思いを確認することや情報などを理解すること、経験から選択・決定することにまだ配慮が十分ではないため、この時点でのグループホーム入居への意思決定をすることは適切ではないと考えられた。

ここがポイント❶

　家族の高齢化による不安から、幸夫さんの生活環境は大きく変わろうとしていました。

　家族の思いを中心として、グループホームへの入居が前提で話が進んでいたため、相談支援専門員は本人の意思決定をどのようにすればよいか悩みました。

　家族からは高等部を卒業して以降、本人の意思をあまり確認せずに今日まで至っていたこと、本人からは経験したことについては思いを伝えることができることを確認できたため、本人の経験を活かしながら新しい経験を積むことで、さまざまな場面での意思決定ができる可能性があるのではないかと考えました。

　意思決定支援に取り組むためには、幸夫さん自身の意思や意向に対して目を向ける必要があります。

③ 意思決定に支援が必要な場面

● 幸夫さんの日常生活や今後の居住について、どのように支援すればよいのか

　相談支援専門員は、幸夫さん、家族、サービス管理責任者、友人と会議を開き、宿泊体験および外出などについて振り返るとともに、今後の生活に対する意向や希望などを確認

した。

「短期入所の利用はしたくない」「みんなと一緒にいるのは楽しい」「外出は楽しかった」などの言葉が発せられたことは確認できた。グループホームで生活していきたいという明確な意思表示は示されなかったが、宿泊体験や外出についてはよい経験であった様子がうかがえた。

また、関係者からは、それぞれ次のような考えを聞くことができた。

相談支援専門員の意見
- 宿泊体験については、幸夫さんの言葉や表情から楽しかったことが伝わってくる。
- ただし、明確にグループホームで暮らしたいという意思表示はないので、引き続き本人の意向を確認しながら支援を続けたい。
- 外出時は買うものや食事をする場所、メニューなど、本人が選択・決定することができていた。

家族の意見
- 高等部を卒業して以降、本人の意思を確認する機会はほとんどなく、限られたなかで生活をしていた。
- しかし、自分たちも年をとったため、親亡き後のことを考えなければならないが、本人を不安にさせてしまうのではないかと悩みは尽きない。

サービス管理責任者の意見
- 友人と楽しそうに宿泊している。食事や入浴などについても、声かけをすれば自分で行うことができている。
- ただし、まだ家族と離れて生活をするイメージはできていないのではないか。
- 簡単なアンケートによれば宿泊体験の継続を希望しているが、回数を増やすのであれば学生時代に実習した施設の短期入所を利用することも考えられるのではないか。

友人の意見
- 幸夫さんと一緒に外出したり、泊まったりすることができてうれしい。
- 幸夫さんはとても頼りになり、一緒にいると安心できる。
- 外出をするときにヘルパーさんが手伝ってくれることを教えてあげたい。

ここがポイント❷

幸夫さんが経験したことをどのように感じているのか、また、周りはどうとらえているのかという情報や意見を交換しながら、本人の意思を確認・推測することが大切です。

相談支援専門員は、幸夫さんの意思決定を支援していくための会議を開催しました。その結果、上記のような意見を参考に、幸夫さんが自分の意思をもっていることや表明できることを、本人と周りの人たちがともに再確認できました。

これまで、幸夫さん自身から、将来の生活に対する希望や思いなどを丁寧に聞き取る機会が少なかったことを重く考え、関係者が協力し合いながらそれぞれの立場を活かし、もう少し時間をかけた取り組みを継続することで合意しました。

● 本人の言葉や意思の表れ

意思決定を支援していくための会議を経て、関係者によるかかわりに変化が生じ、端的な言葉ではあるが、幸夫さん自身の意思がうかがえる言動が顕著になった。

① 「次はいつ外出するのか」「仕事に使う色鉛筆を買いたい」など、今までは受け身であった外出について希望を表出するようになる。
② 「先生に僕が泊まりの練習をしていることを教えたい」など、現状の生活について、年賀状をやり取りしている先生に伝えたいといった希望を表出するようになる。

● 仮説・見立て

「次はいつ外出するのか」「仕事に使う色鉛筆を買いたい」という発言については、本人の希望に沿った外出の経験を積み重ねることで、これまで内在していた意思表明・意思形成ができてきたのではないかと考えられる。

「先生に僕が泊まりの練習をしていることを教えたい」という発言からは、宿泊体験を前向きにとらえているのではないかと受け取れる。このタイミングでグループホームの見学をして、今後の暮らしについての選択をしてもらうことができるのではないかと考えられる。

これまでは自己決定するための情報や経験が少なかったことで、「意思決定が困難」という本人像を周りが描いていたのではないか。今後も本人とともに経験を積むことで意思形成が行われ、自己選択や自己決定ができる可能性があると考え、家族や関係者とも共有して取り組みを行った。

ステップ① ＜意思決定支援のための事前準備＞

幸夫さんが意思決定できるよう、どのように必要な情報提供を行うか、関係者による事例検討が行われた。

・家族の不安に目が向き、幸夫さんにとっては将来の暮らしを十分に考える時間が欠如しているのではないか。
・幸夫さんの経験のほか、取り巻く人や社会資源を活用し、本人が安心できる環境のなかで将来の暮らしを考える機会をつくるべきではないか。また、本人の興味関心から、外出など新しい経験を積むことが必要ではないか。

このような意見を考慮し、本人が安心できる環境をつくり宿泊体験を行った。また、本人の興味関心を聞きながら幸夫さんと友人、相談支援専門員が一緒に外出する機会をつくった。

ステップ② ＜体験を通じた意思形成＞

「次はいつ外出するのか」「先生に僕が泊まりの練習をしていることを教えたい」などの発言があり、これまでは「本人にとっての最善の利益」と家族が考えたことを与える生活であったが、経験が限られていたなかで、自分の思いをうまく表現できていないことがわかった。

また、恩師に取り組んでいることを見てもらいたいという希望をもっていることもわかった。

ステップ③ ＜意思決定能力アセスメント＞

意思決定を支援していくための会議では、幸夫さんが自分で意思決定することが困難ではないか、また、負担になるのではないかという意見もあった。
しかし現時点では、幸夫さんに意思決定する能力がないと明確にいえる理由は乏しかった。幸夫さんの意思決定支援のチャンスを確保するためにも、内在している力や可能性に重きを置き、どのような支援があれば自ら意思決定できるか、再度の検討が必要という結論に至った。

● **意思決定支援にかかる具体的なアイデアや取り組み例**

上記の変化を踏まえて、関係者による再度の意思決定を支援していくための会議が行われ、以下のような具体的な取り組みが始まった。

❶ 連携を強化することでさまざまな「気づき」を得るように、それぞれの強みを活かし、本人が自ら意思決定できるように支援する。「家族のこれまでのかかわり」「仕事など継続して取り組んできた経験」「本人が大切にしている友人や先生との思い出や存在」などは、強みと考えた。

❷ アンケートを作成し宿泊体験の後に本人および家族に聞き取りを行い、意思を確認しながら支援の頻度などを検討した。
❸ 経験の範囲での支援や意思決定に限定していく議論ではなく、支援を振り返りながら本人の様子や意思をチームで共有し、選択の可能性を広げていく議論とした。
❹ 支援チームの強化に欠かせないキーマンやポイントを把握し、本人のモチベーションを高めながら支援を進めた。

【具体例】
❶ 過去の写真や年賀状を見ながら、家族や幸夫さんから話を聞かせてもらう。
❷ これまでの経験や地域資源を活かして、友人とともに親元から離れて暮らす体験を積む。
❸ 本人の興味関心や安心して外出できる環境をつくり、地域のなかでの本人を知る。
❹ 恩師に会うことを計画に取り込み、意欲の向上を行う。

幸夫さんの変化(担当者会議から、およそ6か月後)

幸夫さんの言動などに、変化が現れた。

グループホームへ見学に行き、実際に部屋を見てもらって本人の意思を確認したところ、「僕の部屋ができたら先生に見せたい」という発言があった。この発言は、親元を離れた生活への自信の現れだと考えられた。

その後、会議を開いてグループホームへ入居をする方向性を確認した。家から離れて生活することに対して不安がないかたずねたところ、「友達もいるから大丈夫」と言い、笑顔を見せた。

また、外出については、「友達にプレゼントを買いたい」「好きなアニメの映画を見たい」といった発言もみられるようになり、意思表出がより具体化され始めた。

👆 ここがポイント ❸

　家族の幸夫さんに対する愛情ゆえに、本人を守る支援が中心に行われてしまうことは、よくみられることです。本人の意思形成や意思表明に対して十分な時間をかけた支援ができていなくても家族を責めることは慎みましょう。

　幸夫さんの、恩師に「これまでの取り組みを伝えたい」「今後の暮らしを見てもらいたい」という思いの背景にはとても深い意味があると考えられます。

　意思決定を支援するうえでは、本人との信頼関係を構築し、これまでの生活歴から過去、現在、未来を考え、時間軸を意識し、急ぐ支援、時間をかける支援を整理し、本人の意思を関係者とともに確認することが重要となります。

　本人と関係者が繰り返し、多角的に検討する会議の場や経験の機会をつくり出し、本人のペースに合わせることで意思が表明されることもあります。そうした意思決定支援を行うことで、本人が自己決定できる環境や時間をつくり出し、他者の影響を受けながら意思決定を下すことになるはずです。

　人それぞれが大切にしているものを最大限尊重するには、十分な時間と情報などの環境を整えていくことがとても大切になります。

④ その後の支援

● グループホーム入居後の支援（担当者会議から、およそ10か月後）

　グループホームに入居してからは、本人が不安であれば当面は自宅と行き来する配慮も検討していたが、日常生活や集団生活での人間関係など、特に問題なく生活できている。

　週末は実家へ帰るようにしていたが「家にいても暇だ」という発言もみられるようになり、日曜日の夕方にグループホームへ帰る際は自発的に準備を行う様子が見受けられる。そのような状況のなかで母親は、「これまでは自分の気持ちを言うことはほとんどなかった、親のほうが子離れできていなかったことに気づいた」と笑顔で語っている。

　また、本人が希望していた恩師との再会についても、本人から先生へ手紙を送り、相談支援専門員が調整をして、20年ぶりに再会を果たすことができた。先生に部屋を見てもらい、仕事でつくったクッキーをお土産に渡した。幸夫さん以外にも先生と所縁のある入居者がいたため、同窓会のような雰囲気のなか、思いを叶えることができた。

　これらのことからも幸夫さんは今の暮らしに充実感を覚えており、自己選択、自己決定、自己実現の経験を積み重ねたことで意思表出が増えてきたと推測される。

相談支援専門員の感想
- 最初に相談を受けたときに、家族の不安を理解し、どのように支援するべきなのか悩んだ。
- 本人と向き合い、家族を含めてさまざまな人たちと一緒にチームをつくって支援することで、本人の思いは何かを探ることが重要だと学んだ。
- 幸夫さんがグループホームで暮らし始めたのはゴールではなくスタートだと考え、これからも支援をしたい。

家族の感想
- 自分の意思を伝える場面は今までなかったので、よい意味で驚いた。
- 将来について不安があり、本人が決めることは負担になると思っていたが、いろいろな人と一緒に考えることができて親としても気持ちが楽になった。
- 今の暮らしをどう思っているかなど不安は尽きないが、親のほうが子離れできていないことに気づかされた。

サービス管理責任者の感想
- 仕事も私生活も、本当によく頑張っている。
- 家族の不安は大きかったと思うが、チームで幸夫さんのことを考えることができたことがよかったと思う。
- そのなかで本人の夢であった先生に会えたことは、幸夫さんもほかの人も、本当に喜んでいた。
- 親子の適度な距離ができたことで、これからが幸夫さんの生活の新しいスタートだと思う。これからも幸夫さんの思いを大切にしながら支援をしていきたいと思う。

👆 この事例の「ここに」注目してください！

- 障害のある子をもつ親の心配は尽きません。この事例のように、本人（＝松本幸夫さん）に知的障害がある場合、支援者はどうしても親の側にくみしやすく、バランスをとりながら支援するのはとても難しくなります。しかし、意思決定の支援は、本人が意思を他者に伝えるための支援であることを確認しましょう。支援に時間をかけたり、繰り返してかかわったりすることで変化が生じ、そのなかから家族や関係者が新たな可能性に気づくことも多くあります。

- 他の事例でも同様のことがいえますが、この事例では周囲の意思決定要請事態があるため「本人がしたい意思決定」ではなく、他者が本人に「させる意思決定」「してほしい意思決定」から始まっています。というのは、たとえ本人のためであるとしても、始まりの段階では本人が何かを求めているのではなく、母親や相談支援専門員の課題意識が先行しているからです。そのようなときに「どこで暮らしたいか」を表明するのは、本人にとっては経験やイメージのないことなので大変困難でしょう。

- そこで、支援方針を身近で具体的な生活経験と意思決定の支援に向けたのは、本人にとっても支援者にとってもわかりやすいことでした。そのため、本人の意思の表出が質的にも量的にも増えていきます。そのようなかかわりのなかで、本人は自分の「したい意思決定」を重ね、周囲に受け止めてもらうことで意思決定の自己効力感（セルフ・エフィカシー）を高めていったと思われます。支援者にとっても、支援の関係性を積み上げるとともに、彼の選好（プレファレンス）に関する情報を多く蓄積する機会となりました。この取り組みは、第1章の日常生活における意思決定支援の枠組みを参照することで理論的な裏づけを知ることができます。

- この事例では、もう一つ大切な注目点があります。本人はあまり多くの言葉を語りませんが、わかりやすい言葉や写真などを活用することにより自分の選択・決定ができました。このような人の場合には、「トーキングマット」などを用いることでより一層多くの選好情報を得るとともに、意思決定への意欲そのものを高めることも可能です。「トーキングマット」はイギリス（スコットランド）で開発されたコミュニケーション支援ツールですが、とりわけ本人の意思と選好を可視化する際に有用であるとされています。日本では「障害福祉サービス等の提供に係る意思決定支援ガイドライン」研修プログラムでも紹介されています。本書では序章と第4章でふれられています。

人やお金とのつきあい方支援

Case 7 スナック通いを続ける知的障害のある浩介さんとともにお金の使い道について考える

① 事例の概要

● 基本情報

氏名（性別）・年齢 東野浩介（男性）・52歳
家族構成 一人暮らし、弟（50歳）は隣県にて妻、子二人と居住
生活環境 自宅（持ち家／浩介さん名義）
障害の状況 知的障害・療育手帳B、障害支援区分1
体形の特徴 加齢とともに若干肥満気味になりつつある
意思疎通の状態

生活上の意思決定や意思を言葉で伝えることはできるが、込み入った話になると理解が難しく話を聞こうとしなくなる。よく理解できていなくても、うなずくことや返事をすることがたびたびある。

自分の意に沿わないことを強く言われると興奮して大声を出してしまうことがあるものの、就労継続支援B型の事業所に通うようになって以降は落ち着いている。日常の金銭管理は支援を受けながらであればある程度は可能であるが、大きなお金の管理は難しい。

● **家族関係図（ジェノグラム）**

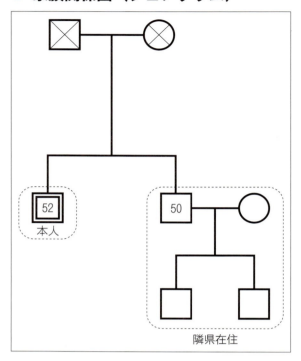

● **社会関係図（エコマップ）**

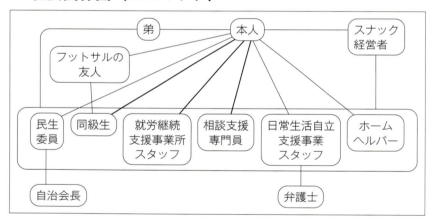

② 支援の始まりと経過

● 支援の始まり

　浩介さんは知的障害があり、地元の小学校の特殊学級で現在の特別支援学級にあたるクラスに通っていたが、中学校からは養護学校（現在の特別支援学校）に通うようになる。高等部を卒業と同時に父親の知り合いが営む市内の食品加工会社に就職。浩介さんが39歳のときに父親が亡くなり、母親と二人暮らしとなる。

42歳のとき、それまで勤めていた食品加工会社での対人関係のトラブルや、父親の知り合いであった工場長が退職したこともあって、会社を解雇となる。母親と再就職先を探していたがなかなか見つからず、母親が地域の親の会や特別支援学校の先生に相談し、相談支援事業所とつながることとなった。

　浩介さんは就職を希望し、職場体験なども経験するものの採用が難しく、やや自信をなくしてしまっていた。44歳のときに就労継続支援Ｂ型事業所（以下、就労継続支援事業所）の利用を相談支援専門員が提案。見学をしたうえで、ここからもう一度就労を目指してやり直してみるとのことで利用を開始する。

　事業所ではスタッフとの関係もよく、毎日通所し、主に市役所の出先機関である建物内外の清掃を中心に仕事をしていた。

　浩介さんが51歳のときに母親が自宅で倒れ、緊急入院してしまう。母親は浩介さんが自宅で生活を続けていくことを望んでいた。20年前にはもともと旧家で大きかった自宅をコンパクトに建て替え、オール電化にしていくなど、浩介さんが生活しやすい環境を整えたほか、一通りの家事についてもできるように教えていた。浩介さんはいつも高齢の母親の手伝いをしており、ゴミ出しなどは率先して行っていた。

　すでにかかわりをもっている相談支援事業所と就労継続支援事業所とが、今後の生活について浩介さんの弟と協議していくこととなった。

● **支援の経過**

　母親が入院している間は緊急ということもあり、相談支援専門員と就労継続支援事業所のスタッフが生活上の確認を行うほか、食材・日用品などの買い物は主に就労継続支援事業所のスタッフが行っていた。しかし、それを長期間継続していくことは困難であるため、母親の様子を見に来る予定に合わせて、浩介さんとその弟、相談支援専門員、就労継続支援事業所スタッフや管理者とが集まり、今後の生活について話し合った。

　日々の生活にかかるお金のこと、食事などの家事のこと、また、そうした手伝いをしてくれるサービスのことなどを説明してみるが、目の前で母親が倒れてしまったこともあって、いつもはよく話をする浩介さんだが、ずっと黙ったままうつむいてみたり、時折涙ぐみ「母ちゃん、帰ってこられるかなぁ」などとつぶやくことが多かった。なかなか具体的な話し合いにならず、浩介さんは、このまま家で暮らして今の仕事を続けたいということを繰り返し話すのみだった。

　弟は、「母親にもしものことがあれば家での生活は難しいので、入所施設を探してほしい」と伝えてきた。相談支援専門員と就労継続支援事業所スタッフが障害の状況から利用が難しいことを伝えると、「近くに利用できるグループホームなどはないか」と話し、浩介さんの自宅での生活には否定的だった。

　弟は、「自分は近いとはいえ県外にいて兄の面倒は見られないし、兄とは昔からそりが合わず、あまりかかわりをもってこなかった。進学で家を出てからは様子を母親から聞くぐらいで、実家に帰っても兄は話をあまりしてこなかった」。さらに、「兄のことはよくわか

らないし、支援も難しい。母からは兄が実家で生活ができるよう家を建て替えたことなどの話は聞いていたが、兄には難しいだろうと思っている」と続けた。

> ### 浩介さんの変化（母親の入院から1週間）
>
> 　母親が入院をして1週間、母親は意識もなく回復が望めない状況が続いていた。
> 　浩介さんは動揺しながらも、自分が話しかけると母親が少しずつ受け答えできるようになってきたことや、家事も少しずつ自分で行えるようになったことから、少し落ち着いた様子がみられた。
> 　相談支援専門員が自宅で話をすると、自分の家で暮らしたいこと、人からいろいろと言われるのが嫌なこと、好きなように暮らしたいことなどを話し始めた。そして、自宅の住み心地がよいことや家にあるものを使い慣れていること、住み慣れた場所から動きたくないということを、自ら話してくれるようになった。
> 　また、家の掃除や簡単な料理なども母親に教えてもらっていたのでできると言い、ここで暮らしていきたいという強い気持ちと意欲がうかがえた。

ここがポイント❶

　浩介さんは具体的なイメージは描きにくいものの、母親が倒れて時間がないなか、明確に自宅に住み続けたいと意思表示をしていました。

　弟は浩介さんの一人暮らしにやや否定的です。しかし、母親の話や過去の生活の状況から、支援があれば十分に一人でも生活ができるのではないかと、就労継続支援事業所からは意見がありました。

　もちろん家族の意見も重要ですし、いろいろな問題が起こったときにはかかわってもらうこともあります。どうしても知的障害のある人は難しいだろうという思い込みや、家族の意向が優先されてしまいがちですが、浩介さんの希望する生活を実現できる可能性が高いのであれば、必要な支援や環境を整えていくことで、弟にも納得してもらえるよう働きかけることが必要と思われます。

　今回は緊急の場面ととらえ、浩介さんの意思決定に沿ったプランを提案することで、生活の安定を図ることを考えました。ただ、浩介さんの気持ちの揺れや動きや真意を読み解いていくことはこの段階では難しかったため、時間をかけながら浩介さんの目指す暮らしを確認していく必要性を感じました。

● **母親の死去と一人暮らしの始まり**

　就労継続支援事業所スタッフからの情報を整理すると、浩介さんの年金の収入が月に約

6万6000円、就労継続支援事業所での就労による収入が2万5000円、障害者扶養共済制度からの収入が2万円あり、貯蓄も1000万円近くあるとのこと。経済的に自宅で生活することは十分可能であった。自宅も生活しやすい環境の持ち家という好条件だった。これまでの生活をよく知っている就労継続支援事業所のスタッフからの話で、生活能力も十分についていることがわかった。

社会福祉協議会の日常生活自立支援事業やホームヘルパーの利用なども活用が可能。ゴミ出しなどの細かなことは、社会福祉協議会の担当者と相談支援専門員が地域の民生委員や自治会長に相談し、浩介さんの様子を時折みたり、声をかけたりしてくれるとのことで了解が得られた。

こうした環境や人的な強みがあるなか、浩介さんの意向を尊重していくために実現可能な方法を本人、関係者とともに考えていくことが必要と考えられた。そこで、上記の関係者に集まってもらい話し合いを行った。

一人暮らしをしながら具体的な生活経験を積み重ねていくこと、また、困ったときには民生委員や自治会長、就労継続支援事業所のスタッフや相談支援専門員に相談してもらい、生活しながら自分のスタイルをつくっていくことについて、浩介さんも含めて話すことができた。

日常生活場面での協力は難しいが、家の相続や貯蓄の管理などについては、渋々ではあったが浩介さんの弟に引き受けてもらうことができた。

そうした話をしているなか、入院して3週間後に母親の容態が急変し、死去。浩介さんの一人での生活が始まった。社会福祉協議会の日常生活自立支援事業や週3日のホームヘルパーの家事援助により調理などの生活状況を確認、また、就労継続支援事業所の送迎時に買い物の支援などが行われ、とりあえずではあるが浩介さんは自宅での生活が送れるようになっていった。

③ 意思決定に支援が必要な場面

●「無駄遣い？」──自分らしいお金の使い方を考える

それから1か月後、「飲酒や食生活の乱れがある」との報告がホームヘルパー事業所から寄せられた。浩介さんと関係者とで話し合い、規則正しい生活を送ってほしいとの意見もホームヘルパー事業所から挙がったが、健康上も経済的にも問題ない程度のことであることがわかった。その話し合いの場で、浩介さんから、「生活にも少し余裕ができて、一人で過ごす時間が少し寂しい」という言葉が聞かれた。

昔、父親と一緒に好きな野球やサッカーをテレビで見ながらときどきお酒を飲んでいたという話もあり、そうしたことを思い出し、ビールを飲んでいるようだった。こうした事情もあり、特に生活における変更はしなかった。

その2か月後、ホームヘルパーから、痩身用の健康器具が埃をかぶり部屋の隅に置いてあること、また別の器具が押し入れにあることが報告された。さらには、大量の健康飲料

が台所の棚に積み上げられていたことも報告された。

　高価ではないものの、自分では使わないものや飲まないものを通販や店頭で購入することが続いており、生活に支障が出るほどではないが、無駄遣いが目立っているということで話し合いがもたれた。

　就労継続支援事業所、ホームヘルパー事業所、日常生活自立支援事業の支援員が、もっとほかの有益なお金の使い方などについて提案したが、それぞれの立場からの考えを押し付けるような提案となってしまい、浩介さんは受け入れがたい様子であった。そのうえ、通販利用を制限するという意見がホームヘルパー事業所から出たこともあり、浩介さんは不満そうな顔つきでみんなをにらむような様子もあった。

　浩介さんを否定するのではなく丁寧に話をすることが今後の生活に役立っていくこと、また、話し合いに参加しているメンバーにも同じような経験があるのではないかと相談支援専門員が問いかけたことで、話し合いの参加者も納得ができた様子だった。浩介さんも無駄遣いであったことも感じながら話を受け入れてくれた。

● 連日のスナック通いと散財

　そうした出来事があった3か月後、民生委員から、ここ2週間ほど夕方に浩介さんのところに行くと不在のことがあり、電話をしても出ないとの話が相談支援専門員にもたらされた。相談支援専門員と就労継続支援事業所のスタッフが浩介さんにたずねると、「することもないので、夕方散歩に出かけている」「コンビニに行っていた」と言っていた。

　しかし、その翌月になり、日常生活自立支援事業の支援員と就労継続支援事業所のスタッフとでお金の確認をしていたところ、「ある人にお金を払え」と言われていると浩介さんが語り始めた。話を聞いていくと、昔の職場の同僚と散歩の途中で偶然出会い、久しぶりだからとスナックにお酒を飲みに行ったとのこと。楽しかったことやお酒を飲みに行った先の女性が同年代で話がわかってもらえたこと、また来てほしいと誘われてからたびたび行くようになったことを話してくれた。近頃はその女性から電話がかかってくるようになり、「お店も暇だからゆっくり話ができる」と言われ、断れずに店に通うようになったとのことだった。

　初めは1回1万円程度で毎回払えていたが、通う回数が増えてからは、支払いはまとめてでいいということになり、週に一度、多いときは7万円ほどを請求されたこともあったようである。

　お酒はあまり飲んでおらず、食べ物と女性との話、昔流行った歌をカラオケで一緒に歌うことがとにかく楽しいと話をしてくれた。お金のことについては今の生活費のなかでは払えないけれども貯金から払えばいいと言って、これからも誘われれば楽しいから行きたいと言っていた。相談支援専門員からは「お金もかかるので、あまり行かないほうがいいかもしれない」という話をして様子をみることにしたが、やはり電話がかかるとスナックに出かける様子があった。

　利用した分のお金は払わざるを得ない状況だったので、支払いのために浩介さんと相談

支援専門員、日常生活自立支援事業の支援員とでスナックに行くことになった。その際、スナックの女性に浩介さんの状況も少し話をして、「これ以上誘わないでほしい」と話をすると、女性からは「本人は何と言っているのか、嫌がっているのか、私が無理やり連れてきているのか」という反応。それに対して、浩介さんは「ここは楽しい、ママさんとの話も楽しいし、歌ってお酒も飲めるし、また来たい」。スナックの女性は「私も商売だし、本人が来たくて来ているのだから止めるのは営業妨害だ、訴えてやる」と言って取り合ってもらえなかった。

浩介さんの様子

　お金を使わされたという意識はまったくない様子で、スナックに行ってお酒を飲み楽しかったからお金を払ったという感覚であった。

　また、生活費が少なくなって困ったという感じはあったが、お金を支払うことができ、その場が何とかおさまると安心してしまう様子もみられた。

　自分が楽しいから、行きたいと思って行っているのに、支援者からどうしてそのことについていろいろと言われるのか、わからない様子であった。お金がかかることはわかっているが、電話がかかってきて誘われると行ってしまうようだった。

　このような状況から支援の関係者に集まってもらい、浩介さんのお金の使い方に関する意思決定について話し合いをすることになった。

就労継続支援事業所のスタッフの意見

- 当事業所では、今回のことについてはまったく知りませんでした。昔流行った歌の話をしていたのはこれだったのかという感じです。
- スナックはいろいろな客が集まるので、新たに浩介さんをだまそうとする人も出てくるのではないか。浩介さんの状況もスナックの人に伝わってしまったので……。
- あまり出入りをしないほうがよいと思うし、そのことも少し話してみます。

| 民生委員の意見 | ・私もまったく気がつきませんでした。ときどき家にいないことがあっても、散歩していた、買い物に行っていたと話していたので、こんなことが起こっていたなんて思いませんでした。これまでの浩介さんの生活の様子からは予想もしませんでした。
・お酒を飲みにスナックに行くことは悪いこととは思わないけれど、回数が多くなっているようですし、電話もかかってきているようですので、浩介さんはうまいようにお金を使わされているのではないでしょうか。
・自治会長さんが地域のこともよく知っている方なので、いい案がないか相談してみます。 |

| 日常生活自立支援事業の支援員の意見 | ・浩介さんの行動がこれからエスカレートして、どんどんお金を使うようになると、日常生活自立支援事業を利用する意味がなくなってしまいます。しかし、相手から営業妨害で訴えてやるというような勢いで言われてしまうと、あの場では腰が引けてしまって反論できませんでした。
・本人も行きたいと言っているし、どうしたらいいのか、正直わからなくなってきました。
・社会福祉協議会のスタッフに聞くと、お店は悪い噂は聞かないが、お客さんは最近の景気から減っているようだと聞いています。 |

| ホームヘルパー事業所のスタッフの意見 | ・私たちが来ていない日にスナックに行っているということですよね。それで最近はビールなどの空き缶が少なかったのですね。お酒を飲むのを控えたのだと思って、浩介さんに声をかけたぐらいですから。 |

| 弟の意見 | ・これまでの話も聞きました。皆さんが兄のことを思っていろいろと考え、生活を支えてくださっていることについては感謝します。
・今回はこんなことになってしまい、私からスナックには行かないように厳しく伝えておきます。言うことを聞かないようなら、一人暮らしをさせないように話します。 |

ここがポイント❷

　浩介さんの意思と関係者の意見が対立する状況が生まれてきました。

　支援者からみると明らかにお金を使わされている状況があるにもかかわらず、浩介さんはスナックに行くことが楽しいと言っていますし、電話がかかってくれば断れずに行ってしまいます。

　お金がなくなって困るという理解はありますが、何とかなると思っているようです。自分が利用されているという意識は全くないようで、相手も喜ぶなら、誘われれば行きたいと感じている様子です。

　「楽しい」「行くと喜んでもらえる」という言葉が聞かれるということから、浩介さんが何が楽しいのか、喜んでもらえるから通っているのか、それとも単にお酒が飲みたいだけなのか、この点を明らかにすることが大切です。

　浩介さんに、お酒が飲みたくてスナックに行っているのかをたずねると、「酒を飲むだけやったら家でも飲めるし、飲みたいから行っとるんやない」との話だった。何が楽しいのかたずねると、「話ができるんや、ママさんは年も近いし、昔流行ったカラオケも一緒に歌えるし、話があうんや」とのことだった。

　話を聞いてくれるのは相手が商売だからということ、電話がかかってくるのもお金を儲けるためではないかということなどを伝えるが、「そんなん違う、俺に来てほしいんや、行ったら本当に喜んで話を聞いてくれるんや、一人で飲むより楽しく飲めるし、寂しくないんや」と話していた。

　「前は父ちゃんとビールを飲みながらテレビで野球やサッカーを見て、よう話をしよったなぁ」とポツリとつぶやいていた。

● 仮説・見立て

　浩介さんは、一人暮らしにも少し慣れたところで、夜に話し相手もおらず、寂しさを感じている。お酒を家で飲み始めたときも、寂しさを紛らわすために飲んでいたり、父親とビールを飲みながら野球やサッカーを見ていた話をしたりしたことを、今更ながら思い返した。また、スナックに行くことでお店の人が歓待してくれることに日中活動の場面と違ったうれしい気持ちもあったように思われた。

　ただ、うまく利用されてお金を払わされているのではと疑う感覚はほとんどもっていない。浩介さんの意思ははっきりしているが、支援する人たちはみんなうまくお金を使わされているように思い、生活に支障が出るほどになっている状況を心配している。

　今の状況を浩介さん自身が認識して、危機状態に陥ることを回避する方法を考える必要があった。

ステップ①＜意思決定支援を振り返る＞

浩介さんの理解力を原因にする前に、ほかにできることがなかったのか、相談支援専門員を中心に支援者で会議を行った。

・寂しさを感じ始めていると気がついた時点で、ほかに何か提供できる情報がなかっただろうか。
・浩介さんが一人暮らしをする際に、緊張感や不安に寄り添う人を地域のなかに複数つくれなかったのか。
・日中活動のなかで浩介さんが楽しめる場面を探り、相談支援専門員と情報共有しながら、一人または仲間で楽しめる余暇活動を見つけられなかったのか。

こうした意見を踏まえ、どんな気持ちからスナックに通うようになったのか、また、これからどんな生活を送っていったら浩介さんが考える楽しい暮らしになるのかについて、再度浩介さんに自宅の仏壇の前で聞いてみた。

ステップ②＜本人の行動から真意を探求する＞

周りからみて賢明ではない判断をしたからといって本人に意思決定能力がないとはいえない。自分の不安や寂しさを伝えることが難しく、それを満たしてくれたのがたまたまスナック通いという方法だったとも考えられる。

「母ちゃんが死んでしまってしばらくは頑張ったけど、しばらくして暇ができるようになったんや。話し相手もおらんし、テレビを見るだけでは面白くない。そしたら、父ちゃんとテレビを見て、ビールを飲みながら好きなチームの話をしていたことが懐かしくなって、ときどき仏壇の写真の前で父ちゃんや母ちゃんに話しかけてたんや」
「話し相手もおらんかったから、散歩してると昔の仕事仲間に会って、飲みに行くから一緒に行くかと言われたんや。そのときはその人におごってもらったんやけど、そのときにお店の人は話をよく聞いてくれて、寂しかったんやなぁ。でも頑張ってんのやなぁとほめてくれたり、一緒に歌を歌ったりで気分が晴れたんや」

一人暮らしを始めたころは緊張や不安があっただろうことが感じられ、少し時間がたつにつれ余裕も出てくると一人でいることが寂しくなってきたことがわかった。商売とはいえ、そうした気持ちをすべて受け止めてくれたスナックでの経験は非常に新鮮だったのかもしれない。

ステップ③＜意思決定（実現）支援の限界点を吟味する＞

本人の意思決定能力が低減している場合、または本人にとって見過ごすことのできない重大な影響が生ずる可能性が高い場合には、本人に代わって支援者が意思決定を行わざるを得ない状況もあるかもしれない。ただしその行為は、本人の最善の利益のためになされなければならない。

そこで本人の意思決定能力などを吟味するための会議が開かれた。会議では、浩介さんが自分の置かれている状況が理解できていないことを踏まえ、弟に厳しく注意をしてもらうことやグループホームを探して入ってもらうことが必要ではないかとのこともあった。

しかし、浩介さんがスナックに通う目的がお酒ではなく、話を丸ごと受け止めてもらったり、認めてくれたり、楽しくおしゃべりしたりすることにあるのではないか、そこを支援すればスナック以外の場所でも気持ちが満たされるのではないかとのこともあった。議論の結果、支援者側の意思決定支援がまだ十分に尽くされていないのではないかとの結論に至った。

スナックの対応について社会福祉協議会の法律相談を受け持つ弁護士に相談すると、障害がわかっていながら誘いをかけてお金を払わせるのは消費者被害として取り扱うことが可能かもしれないとのことであり、代行決定以外の選択肢も示された。

● 意思決定支援にかかる具体的なアイデアや取り組み例

上記のような浩介さんの状況から関係者による再度の意思決定支援のための調整会議が行われ、次のような具体的な取り組み、情報提供が始まった。

❶ 消費者被害にあわないように、それぞれの支援者が緩やかな見守りと声かけを行い、情報共有と専門職とのつながりをつくる。
❷ 本人の意思を頭ごなしに否定するのではなく、浩介さんが納得して選択できるような情報提供をタイムリーに行う。
❸ 自宅や地域でのつながりを強みとしてとらえ、可能性を広げられる視点を支援者がもつ。
❹ 新たな支援者がいないか、地域でかつてかかわりのあった人をリストアップして、支援の輪のなかに参加してもらう。

民生委員の情報から、スナックの女性は自治会長がよく知っている人ということもあり、法的なリスクがあることをやんわりと伝えてもらった。

また、浩介さんの近所に、一緒に小学校に通っていた同級生がおり、その人が市内の体育振興会の支部長でフットサルのチームをつくって大会にも出ているという情報が民生委員から寄せられた。併せて、同年代の女性や障害のある人も参加して時折バーベキューや

忘年会、歓送迎会などを開催しているため、そこに仲間に入れてもらえるように話をしてみてはどうかと考えた。それにより、同級生には支援の輪にも入ってもらうようにした。
　支援者同士の情報共有をもっと図り、ホームヘルパー事業所、就労継続支援事業所、民生委員が生活面について困ったことや不安に思っていることや、興味をもっていることはないかなどの話を浩介さんから聞いていくことで、タイムリーな情報を浩介さんに提供して、時間をかけて選んで経験してもらえるように、役割分担を明確にしていった。

浩介さんの変化（一人暮らしを始めて8か月後）

　浩介さんは一人暮らしを始めて以降、さまざまな出来事を経ながらも自分の生活のスタイルを安定させてきた。日中は就労継続支援事業所に通い、仕事をしながら週に1回から2回のフットサルの練習と、日曜日は大会に出るなど、目標をもちながら参加するようになり、表情も非常に明るくなった。

　仕事が終わって家に帰ると、ときどきは夕方に同級生とランニングしたり、ときには家に招かれて一緒にビールを飲みながら夕食を取ることもあるようである。父親と昔していたようにテレビでのスポーツ観戦をすることもあるとの話を就労継続支援事業所でもしている。

　バーベキューなどにも参加してビールがおいしかったことや、みんなとおいしい肉を食べたことも話してくれた。また、休みの日には地元のサッカーチームの応援に行くとのことで、フットサルの仲間と出かけるとうれしそうに相談支援専門員に話してくることもあった。

　フットサル関係のシューズや練習着も、少し値段も高くてよいものを買いたいとのことで、日常生活自立支援事業の支援員に気軽に話してくるなど、本当に自由で楽しい生きがいのある生活というイメージがつくられたようだった。フットサルの仲間からもチームに必要なメンバーとして期待され、気持ちのうえでも満たされている様子がみてとれた。

ここがポイント❸

　本人には、社会経験があるようでも、社会のさまざまなトラブルに巻き込まれてしまうことが往々にしてあります。
　最近の通信販売などは、購買意欲を喚起するような言葉巧みな誘いをかけ、つい買いたくなる仕掛けをしたりしています。また、言葉巧みに近寄る業者に信用させられて、ときには消費者被害につながるような賢明ではない選択、契約などをしてしまう人たちも近年増加しています。
　一見賢明ではないと思われる決定にも、何らかのきっかけや原因があることが考えられます。丁寧に話を聞くことによって本人の本当のニーズにたどり着けば、本人自身が納得して異なる意思決定につながることもあると考えられます。

④ 途中経過、その後の支援

　8か月の間いろいろなことがあったが、今は浩介さんも自宅で穏やかに一人暮らしを送っている。少し大きな買い物をすることについても、日常生活自立支援事業の支援員や就労継続支援事業所のスタッフなどに相談しながら買っている。また、ゴミの分別がわからなかったり、忘れたりすると、民生委員や近所の人に聞いているようである。
　最近では、隣に住む一人暮らしのおばあさんのゴミ出しを手伝ったりしており、そのおばあさんと父母の思い出話をすることもあるようで、うれしそうな様子もみられる。
　今後も安定した生活が送れるとよいが、浩介さんも徐々に年齢を重ねていくことで生じる問題があり、消費者被害にあう可能性は非常に高いのではないかと思われる。今後の課題としては、生活場面にかかわっている事業所、機関、近隣の住民が緩やかな見守りのなかで生活の変化に気を配り、継続して情報共有していけるかどうかである。
　弟は、浩介さんの生活の様子をみたり、聞いたりするなかで、支援者に支えられているとはいえ、ここまで生活ができるとは思わなかったと話していた。家族として安心できたので、ときどきは家族とともに実家に寄って様子をみていきたいと話している。

民生委員の感想
- 生活の様子が変わったときに相談できる相手がいてよかったと思います。
- 結果として消費者被害から浩介さんを守ることができ、生き生きと暮らしている姿を見るのはうれしい限りです。
- 関係者の視点がそれぞれ違っていたけれど、協議をして、みんなが納得して同じ方向で支援ができたこの経験から、多くのことを学びました。

事例から考える意思決定支援の実際

就労継続支援事業所のスタッフの感想	● ほかにも一人暮らしの人たちの支援を連携して行ってはいるが、今回浩介さんの意見や気持ちに寄り添って、浩介さんも満足した決定ができたことをうれしく思っています。 ● 改めてチームで支援することで、いろいろなアイデアや意見が出てきたことや、民生委員さん、自治会長さん、同級生など、地域の支援の輪が広がっていったことは私たちにはありがたかったです。
日常生活自立支援事業の支援員の感想	● お金を管理している立場上、どうしてもお金の使い方について注文をつけてしまいがちになります。生活の豊かさについても考えさせられましたし、私たちも賢明でない判断をしてしまうことが当然ながらあるわけですから、正しいと思われる価値観を押しつけてはいけないことを強く感じました。
ホームヘルパー事業所のスタッフの感想	● 私たちがいちばん浩介さんの暮らしを型にはめてしまおうとしていたのかなと感じます。 ● 知的障害があるということで、よかれと思って規則正しい生活を求めてしまい、無駄遣いはだめなど、いつもより強く出たのではないかと思います。 ● しかし、会議を重ねていくうちに浩介さんの力、地域の力、支援者の視点の多様性を感じることができ、結果として今、浩介さんが生き生きと暮らしていることを日々の支援のなかで感じています。

👆 この事例の「ここに」注目してください！

- この事例では、本人（＝東野浩介さん）を見守り、消費行動の裏側にある本人の気持ちを推察し、丁寧に支援しています。
- お金の使い方ほど、その人の価値観が反映される生活場面はないように思います。モノを購入するときに、価格を重視する人もいれば、色やデザイン、性能を重視する人もおり、消費活動はその人の価値観に基づいて行われます。
- 支援者の立場からは、本人が高額の金銭をスナック通いに当て続けることが不合理にみえるかもしれません。また、スナックの店主からの消費者被害にあっているのではと懸念する支援者も存在するようです。他方で、本人はスナック通いを続けたいという意思を表明しています。序章・第1章や第3章で述べられているように、意思決定支援は本人による意思決定を支援者が支えるための仕組みですが、何ら本人の意思を吟味することなく、本人の言葉通りの内容を実現していくことが意思決定支援というわけではありません。このような場合には、本人の意思決定能力についてアセスメントを実施することが考えられます（第3章4項参照）。すなわち、本人の意思決定能力に疑問を抱いた場合には、代理代行決定（他者による介入）を検討する前に、少なくとも、①本人が意思決定を行うために必要な情報を理解し、記憶し、比較検討し、表現できるよう、十分な意思決定支援が行われているか、②表明された意思（あるいは推定される意思）が、他者への重大な権利侵害や本人にとって見過ごすことのできない重大な影響を生ずる可能性が高いかどうか、などを吟味する必要があるでしょう。
- この事例では、支援者としては、本人にとって見過ごすことのできない重大な影響が生じるのではないかとの懸念から、一旦は代理代行決定（他者決定）の可能性を検討しました。しかし、支援者間における協議の結果、現在の消費行動が本人の財産全体に与える影響が深刻とまでは言い難いこと、弁護士の関与などほかに危機を回避し得る実効性のある手段も残されていることから、この時点では代理代行決定を見送ることになったものと解されます。結果としては、（他者からみると必ずしも合理的とは言い難いけれども）本人による意思決定を尊重することとなりました。ただし、状況によってはむしろ介入が求められる場合もあります。ケースバイケースの判断が求められますので注意してください。
- 日常生活自立支援事業等の支援サービスを適切に活用することによって、本人のできることを広げたり、生活上の選択肢を増やすことにつながったりしている点にも注目してください。

1 障害福祉サービス等の提供に係る意思決定支援ガイドライン

Ⅰ．はじめに

1．ガイドライン策定の背景

　「地域社会における共生の実現に向けて新たな障害保健福祉施策を講ずるための関係法律の整備に関する法律」の附則第3条においては、法施行後3年を目途として障害福祉サービスの在り方等について検討を加え、その結果に基づいて所要の措置を講ずることとされており、「障害者の意思決定支援の在り方」が見直し事項の一つに挙げられている。

　社会保障審議会障害者部会では、平成27年4月から見直しに向けた検討を行い、平成27年12月に今後の取組について報告書を取りまとめた。

　同報告書では、障害者の意思決定支援の今後の取組について以下の記載が盛り込まれており、「障害福祉サービス等の提供に係る意思決定支援ガイドライン」（以下「ガイドライン」という。）は、これらの内容を踏まえて作成されたものである。

> ※　「障害者総合支援法施行3年後の見直しについて」（平成27年12月14日社会保障審議会障害者部会報告書）より抜粋
>
> 5．障害者の意思決定支援・成年後見制度の利用促進の在り方について
> 　（2）今後の取組
> 　　（基本的な考え方）
> 　　　○　日常生活や社会生活等において障害者の意思が適切に反映された生活が送れるよう、障害福祉サービスの提供に関わる主体等が、障害者の意思決定の重要性を認識した上で、必要な対応を実施できるようにするとともに、成年後見制度の適切な利用を促進するため、以下のような取組を進めるべきであ

る。

(意思決定支援ガイドライン)
○ 意思決定支援の定義や意義、標準的なプロセス(サービス等利用計画や個別支援計画の作成と一体的に実施等)、留意点(意思決定の前提となる情報等の伝達等)を取りまとめた「意思決定支援ガイドライン(仮称)」を作成し、事業者や成年後見の担い手を含めた関係者間で共有し、普及を図るべきである。あわせて、意思決定支援の質の向上を図るため、このようなガイドラインを活用した研修を実施するとともに、相談支援専門員やサービス管理責任者等の研修のカリキュラムの中にも位置付けるべきである。

なお、ガイドラインの普及に当たっては、その形式的な適用にとらわれるあまり、実質的な自己決定権が阻害されることのないよう留意する必要がある。

(障害福祉サービスにおける意思決定支援)
○ また、障害福祉サービスの具体的なサービス内容の要素として「意思決定支援」が含まれる旨を明確化すべきである。

2．ガイドラインの趣旨

　障害者の日常生活及び社会生活を総合的に支援するための法律(以下「障害者総合支援法」という。)第1条の2(基本理念)においては、障害者本人(以下「本人」という。)が「どこで誰と生活するかについての選択の機会が確保」される旨を規定し、指定相談支援事業者及び指定障害福祉サービス事業者等(以下「事業者」という。)に対し、障害者等の意思決定の支援に配慮するよう努める旨を規定する(第42条、第51条の22)など、「意思決定支援」を重要な取組として位置づけている。

　また、障害者基本法においては、国及び地方公共団体は、障害者の意思決定の支援に配慮しつつ、障害者及びその家族その他の関係者に対する相談業務、成年後見制度その他の障害者の権利利益の保護等のための施策又は制度が、適切に行われ又は広く利用されるようにしなければならないと定めている(第23条)。

　ノーマライゼーション理念の浸透や障害者の権利擁護が求められるなかで、障害者の自己決定の尊重に基づいて支援することの重要性は誰もが認識するところである。しかし、自己決定が困難な障害者に対する支援の枠組みや方法等については必ずしも標準的なプロセスが示されていない。ガイドラインは、事業者がサービス等利用計画や個別支援計画を作成してサービスを提供する際の障害者の意思決定支援についての考え方を整理し、相談支援や、施設入所支援等の障害福祉サービス(以下「サービス」という。)の現場において意思決定支援がより具体的に行われるための基本的考え方や姿勢、方法、配慮されるべき事項等を整理し、事業者がサービスを提供する際に必要とされる意思決

定支援の枠組みを示し、もって障害者の意思を尊重した質の高いサービスの提供に資することを目的とするものである。

ガイドラインは、事業者がサービスを提供する際に行う障害者の意思決定支援の枠組みを示すものであるが、本人、事業者、家族や成年後見人等（保佐人及び補助人並びに任意後見人を含む。以下同じ。）の他に、必要に応じて教育関係者や医療関係者、福祉事務所、市区町村の虐待対応窓口や保健所等の行政関係機関、障害者就業・生活支援センター等の就労関係機関、ピアサポーター等の障害当事者による支援者、本人の知人等の関係者、関係機関等（以下「関係者等」という。）、障害者に関わる多くの人々にも意思決定支援への参加を促すものである。

障害者の意思決定支援については、それぞれの障害の状態等において個別性が高く、その支援方法も多様なものである。事業者は、ガイドラインの内容を踏まえ、各事業者の実情や個々の障害者の態様に応じて不断に意思決定支援に関する創意工夫を図り、質の向上に努めなければならない。

また、事業者の意思決定支援に関する取組の蓄積を踏まえ、ガイドラインの内容も見直していくことが必要である。

Ⅱ．総論

1．意思決定支援の定義

本ガイドラインにおける意思決定支援は、障害者への支援の原則は自己決定の尊重であることを前提として、自ら意思を決定することが困難な障害者に対する支援を意思決定支援として次のように定義する。

意思決定支援とは、自ら意思を決定することに困難を抱える障害者が、日常生活や社会生活に関して自らの意思が反映された生活を送ることができるように、可能な限り本人が自ら意思決定できるよう支援し、本人の意思の確認や意思及び選好を推定し、支援を尽くしても本人の意思及び選好の推定が困難な場合には、最後の手段として本人の最善の利益を検討するために事業者の職員が行う支援の行為及び仕組みをいう。

2．意思決定を構成する要素

障害者の意思決定を構成する要素としては、次の三つが考えられる。

（1） 本人の判断能力

本人の障害による判断能力の程度は、意思決定に大きな影響を与える。

例えば、何を食べるか、何を着るかといった日常生活における意思決定は可能だが、施設から地域生活への移行等住まいの場の選択については意思決定に支援が必要であるといった事例が考えられる。意思決定を進める上で、本人の判断能力の程度についての慎重なアセスメントが重要となる。

（2） 意思決定支援が必要な場面

意思決定支援は、次のような場面で必要とされることが考えられる。

① 日常生活における場面

日常生活における意思決定支援の場面としては、例えば、食事、衣服の選択、外出、排せつ、整容、入浴等基本的生活習慣に関する場面の他、複数用意された余暇活動プログラムへの参加を選ぶ等の場面が考えられる。日頃から本人の生活に関わる事業者の職員が場面に応じて即応的に行う直接支援の全てに意思決定支援の要素が含まれている。

日常生活における場面で意思決定支援を継続的に行うことにより、意思が尊重された生活体験を積み重ねることになり、本人が自らの意思を他者に伝えようとする意欲を育てることにつながる。

日常生活における支援場面の中で、継続的に意思決定支援を行うことが重要である。

② 社会生活における場面

障害者総合支援法の基本理念には、全ての障害者がどこで誰と生活するかについての選択の機会が確保され、地域社会において他の人々と共生することを妨げられない旨が定められていることに鑑みると、自宅からグループホームや入所施設等に住まいの場を移す場面や、入所施設から地域移行してグループホームに住まいを替えたり、グループホームの生活から一人暮らしを選ぶ場面等が、意思決定支援の重要な場面として考えられる。

体験の機会の活用を含め、本人の意思確認を最大限の努力で行うことを前提に、事業者、家族や、成年後見人等の他、必要に応じて関係者等が集まり、判断の根拠を明確にしながら、より制限の少ない生活への移行を原則として、意思決定支援を進める必要がある。

(3) 人的・物理的環境による影響

意思決定支援は、本人に関わる職員や関係者による人的な影響や環境による影響、本人の経験の影響等を受ける。

例えば、意思決定支援に関わる職員が、本人の意思を尊重しようとする態度で接しているかどうかや、本人との信頼関係ができているかどうかが影響することが考えられる。また、意思決定の場面に立ち会う家族等の関係者との関係性も影響を与える可能性がある。

環境に関しては、初めての慣れない場所で意思決定支援が行われた場合、本人が過度に緊張してしまい、普段通りの意思表示ができないことも考えられる。また、サービスの利用の選択については、体験利用を活用し経験に基づいて選択ができる方法の活用など経験の有無によっても影響されることが考えられる。

3．意思決定支援の基本的原則

意思決定支援の基本的原則を次のように整理する。

(1) 本人への支援は、自己決定の尊重に基づき行うことが原則である。本人の自己決定にとって必要な情報の説明は、本人が理解できるよう工夫して行うことが重要である。

また、幅広い選択肢から選ぶことが難しい場合は、選択肢を絞った中から選べるようにしたり、絵カードや具体物を手がかりに選べるようにしたりするなど、本人の意思確認ができるようなあらゆる工夫を行い、本人が安心して自信を持ち自由に意思表示できるよう支援することが必要である。

(2) 職員等の価値観においては不合理と思われる決定でも、他者への権利を侵害しないのであれば、その選択を尊重するよう努める姿勢が求められる。

また、本人が意思決定した結果、本人に不利益が及ぶことが考えられる場合は、意思決定した結果については最大限尊重しつつも、それに対して生ずるリスクについて、どのようなことが予測できるか考え、対応について検討しておくことが必要である。例えば、疾病による食事制限があるのに制限されている物が食べたい、生活費がなくなるのも構わず大きな買い物がしたい、一人で外出することは困難と思われるが、一人で外出がしたい等の場合が考えられる。

それらに対しては、食事制限されている食べ物は、どれぐらいなら食べても疾病に影響がないのか、あるいは疾病に影響がない同種の食べ物が用意できないか、お金を積み立ててから大きな買い物をすることができないか、外出の練習をしてから出かけ、さらに危険が予測される場合は後ろから離れて見守ることで対応することができないか等、様々な工夫が考えられる。

リスク管理のためには、事業所全体で取り組む体制を構築することが重要である。また、リスク管理を強調するあまり、本人の意思決定に対して制約的になり過ぎないよう注意することが必要である。

(3) 本人の自己決定や意思確認がどうしても困難な場合は、本人をよく知る関係者が集まって、本人の日常生活の場面や事業者のサービス提供場面における表情や感情、行動に関する記録などの情報に加え、これまでの生活史、人間関係等様々な情報を把握し、根拠を明確にしながら障害者の意思及び選好を推定する。

本人のこれまでの生活史を家族関係も含めて理解することは、職員が本人の意思を推定するための手がかりとなる。

4．最善の利益の判断

本人の意思を推定することがどうしても困難な場合は、関係者が協議し、本人にとっての最善の利益を判断せざるを得ない場合がある。最善の利益の判断は最後の手段であり、次のような点に留意することが必要である。

(1) メリット・デメリットの検討

最善の利益は、複数の選択肢について、本人の立場に立って考えられるメリットとデメリットを可能な限り挙げた上で、比較検討することにより導く。

(2) 相反する選択肢の両立

二者択一の選択が求められる場合においても、一見相反する選択肢を両立させることができないか考え、本人の最善の利益を追求する。

例えば、健康上の理由で食事制限が課せられている人も、運動や食材、調理方法、盛り付け等の工夫や見直しにより、可能な限り本人の好みの食事をすることができ、健康上リスクの少ない生活を送ることができないか考える場合などがある。

(3) 自由の制限の最小化

住まいの場を選択する場合、選択可能な中から、障害者にとって自由の制限がより少ない方を選択する。

また、本人の生命または身体の安全を守るために、本人の最善の利益の観点からやむを得ず行動の自由を制限しなくてはならない場合は、行動の自由を制限するより他に選択肢がないか、制限せざるを得ない場合でも、その程度がより少なくてすむような方法が他にないか慎重に検討し、自由の制限を最小化する。

その場合、本人が理解できるように説明し、本人の納得と同意が得られるように、最大限の努力をすることが求められる。

5．事業者以外の視点からの検討

意思決定支援を進める上で必要となる本人に関する多くの情報は、本人にサービス提供している事業者が蓄積している。しかし、事業者はサービスを提供する上で、制度や組織体制による制約もあるため、それらが意思決定支援に影響を与える場合も考えられることから、そのような制約を受けない事業者以外の関係者も交えて意思決定支援を進めることが望ましい。本人の家族や知人、成年後見人等の他、ピアサポーターや基幹相談支援センターの相談員等が、本人に直接サービスを提供する立場とは別の第三者として意見を述べることにより、様々な関係者が本人の立場に立ち、多様な視点から本人の意思決定支援を進めることができる。

6．成年後見人等の権限との関係

法的な権限を持つ成年後見人等には、法令により財産管理権とともに身上配慮義務が課されている。一方、事業者が行う意思決定支援においても、自宅からグループホームや入所施設等への住まいの場の選択や、入所施設からの地域移行等、成年後見人等が担う身上配慮義務と重複する場面が含まれている。意思決定支援の結果と成年後見人等の身上配慮義務に基づく方針が齟齬をきたさないよう、意思決定支援のプロセスに成年後見人等の参画を促し、検討を進めることが望ましい。

なお、保佐人及び補助人並びに任意後見人についても、基本的な考え方としては、成年後見人についてと同様に考えることが望まれる。

Ⅲ．各論

1．意思決定支援の枠組み

意思決定支援の枠組みは、意思決定支援責任者の配置、意思決定支援会議の開催、意思決定の結果を反映したサービス等利用計画・個別支援計画（意思決定支援計画）の作成とサービスの提供、モニタリングと評価・見直しの5つの要素から構成される。この

ようにして作成されたサービス等利用計画・個別支援計画（意思決定支援計画）に基づき、日頃から本人の生活に関わる事業者の職員が、全ての生活場面の中で意思決定に配慮しながらサービス提供を行うこととなる。

(1) 意思決定支援責任者の役割

　　意思決定支援を適切に進めるため、事業者は意思決定支援責任者を配置することが望ましい。意思決定支援責任者は、意思決定支援計画作成に中心的に関わり、意思決定支援会議を企画・運営するなど、意思決定支援の枠組みを作る役割を担う。

　　具体的には、意思決定支援責任者は、本人の希望するサービスを提供するためのサービス等利用計画や個別支援計画を作成する前提として、意思決定支援を適切に進めるため、本人の意思の確認・推定や本人の最善の利益の検討の手順や方法について計画する。

　　また、本人の意思決定支援に参考となる情報や記録を誰から収集するか、意思決定支援会議の参加者の構成、意思を表出しやすい日時や場所の設定、絵カードの活用等本人とのコミュニケーション手段の工夫等、意思決定支援を進める上で必要となる事項について検討する。

　　さらに、意思決定支援責任者は、意思決定を必要とする事項について本人から直接話しを聞いたり、日常生活の様子を観察したり、体験の機会を通じて本人の意思を確認したり、関係者から情報を収集したりすることを通じて、本人の意思及び選好、判断能力、自己理解、心理的状況、これまでの生活史等本人の情報、人的・物理的環境等を適切にアセスメントする。

　　上記のような役割を担う意思決定支援責任者については、相談支援専門員又はサービス管理責任者とその役割が重複するものであり、これらの者が兼務することが考えられる。

(2) 意思決定支援会議の開催

　　意思決定支援会議は、本人参加の下で、アセスメントで得られた意思決定が必要な事項に関する情報や意思決定支援会議の参加者が得ている情報を持ち寄り、本人の意思を確認したり、意思及び選好を推定したり、最善の利益を検討する仕組みである。意思決定支援会議は、本人の意思を事業者だけで検討するのではなく、家族や、成年後見人等の他、必要に応じて関係者等の参加を得ることが望ましい。

　　意思決定支援会議については、相談支援専門員が行う「サービス担当者会議」やサービス管理責任者が行う「個別支援会議」と一体的に実施することが考えられる。

　　また、障害者総合支援法第89条の3第1項に規定する協議会（（以下「協議会」という。）においては、地域の事業者における意思決定支援会議の開催状況等を把握し、取組を促進することが望まれる。

(3) 意思決定が反映されたサービス等利用計画や個別支援計画（意思決定支援計画）の作成とサービスの提供

　　意思決定支援によって確認又は推定された本人の意思や、本人の最善の利益と判断

された内容を反映したサービス等利用計画や個別支援計画（意思決定支援計画）を作成し、本人の意思決定に基づくサービスの提供を行うことが重要である。

体験を通じて本人が選択できたり、体験中の様子から本人の意思の推定が可能となったりするような場合は、そのようなアセスメント方法を意思決定支援計画の中に位置付けることも必要である。例えば、長期間、施設や病院に入所・入院しており、施設や病院以外で生活したいと思っていても、何らかの理由でそれをあきらめて選択に消極的になっていたり、施設や病院以外で生活する経験がなくて選びようがなかったりしている障害者に対し、必要に応じて地域移行支援の利用やグループホーム等の体験利用を通じて、実際の経験等を通じた意思決定支援を行うような場合が考えられる。

(4) モニタリングと評価及び見直し

意思決定支援を反映したサービス提供の結果をモニタリングし、評価を適切に行い、次の支援でさらに意思決定が促進されるよう見直すことが重要である。モニタリングと評価及び見直しについては、意思決定の結果を反映したサービス等利用計画や個別支援計画に基づくサービス提供を開始した後の本人の様子や生活の変化について把握するとともに、その結果、本人の生活の満足度を高めたか等について評価を行うことが必要である。それらのモニタリング及び評価の情報を記録に残すことで、次に意思決定支援を行う際の有効な情報となり、見直しにつながる。

意思決定支援は、Plan（計画）、Do（実行）、Check（評価）、Act（改善）で構成されるいわゆるPDCAサイクルを繰り返すことによって、より丁寧に行うことができる。

2．意思決定支援における意思疎通と合理的配慮

意思決定支援を行うにあたっては、意思決定に必要だと考えられる情報を本人が十分理解し、保持し、比較し、実際の決定に活用できるよう配慮をもって説明し、決定したことの結果起こり得ること等を含めた情報を可能な限り本人が理解できるよう、意思疎通における合理的配慮を行うことが重要である。

本人との意思疎通を丁寧に行うことによって、本人と支援者とのコミュニケーションが促進され、本人が意思を伝えようとする意欲が高まり、本人が意思決定を行いやすい状態をつくることができる。

3．意思決定支援の根拠となる記録の作成

意思決定支援を進めるためには、本人のこれまでの生活環境や生活史、家族関係、人間関係、嗜好等の情報を把握しておくことが必要である。家族も含めた本人のこれまでの生活の全体像を理解することは、本人の意思を推定するための手がかりとなる。

また、本人の日常生活における意思表示の方法や表情、感情、行動から読み取れる意思について記録・蓄積し、本人の意思を読み取ったり推定したりする際に根拠を持って

行うことが重要である。本人が意思決定することが難しい場合でも、「このときのエピソードには、障害者の意思を読み取る上で重要な『様子』が含まれている」という場合がある。そういった、客観的に整理や説明ができないような「様子」を記録に残し、積み上げていくことは、障害者の意思決定を支援する上で重要な参考資料になる。

　また、意思決定支援の内容と結果における判断の根拠やそれに基づく支援を行った結果がどうだったかについて記録しておくことが、今後の意思決定支援に役立つため、記録の方法や内容について検討することが有用である。

4．職員の知識・技術の向上

　職員の知識・技術等の向上は、意思決定支援の質の向上に直結するものであるため、意思決定支援の意義や知識の理解及び技術等の向上への取組みを促進させることが重要である。

　そのためには、ガイドラインを活用した研修を実施するとともに、意思決定支援に関する事例検討を積み重ねることが重要である。また、書籍による文献学習、内部の勉強会、実地研修（OJT）、外部研修の受講等、具体的な研修計画を立案し、進めることが効果的である。

5．関係者、関係機関との連携

　意思決定支援責任者は、事業者、家族や成年後見人等の他、関係者等と連携して意思決定支援を進めることが重要である。

　関係者等と連携した意思決定支援の枠組みの構築には、協議会を活用する等、地域における連携の仕組みづくりを行い、意思決定支援会議に関係者等が参加するための体制整備を進めることが必要である。

　意思決定支援の結果、社会資源の不足が明らかとなった場合等は、協議会で共有し、その開発に向けた検討を行ったり、自治体の障害福祉計画に反映し、計画的な整備を進めたりするなど、本人が自らの意思を反映した生活を送ることができるよう取り組みを進めることが求められる。

6．本人と家族等に対する説明責任等

　本人と家族等に対して、意思決定支援計画、意思決定支援会議の内容についての丁寧な説明を行う。また、苦情解決の手順等の重要事項についても説明する。事業者においては、本人や家族等からの苦情について、迅速かつ適切に対応するために、苦情解決規程を定めた上で苦情を受け付けるための窓口の設置や第三者委員の配置等の必要な措置を講じているところである。意思決定支援に関する苦情についても、苦情解決規程に従った対応を行い、意思決定支援責任者は、苦情受付担当者、苦情解決責任者、第三者委員と協働して対応に当たることが必要である。

　意思決定支援に関わった事業者、成年後見人等や関係者等は、職を辞した後も含めて、

業務上知り得た本人やその家族の秘密を保持しなければならない。

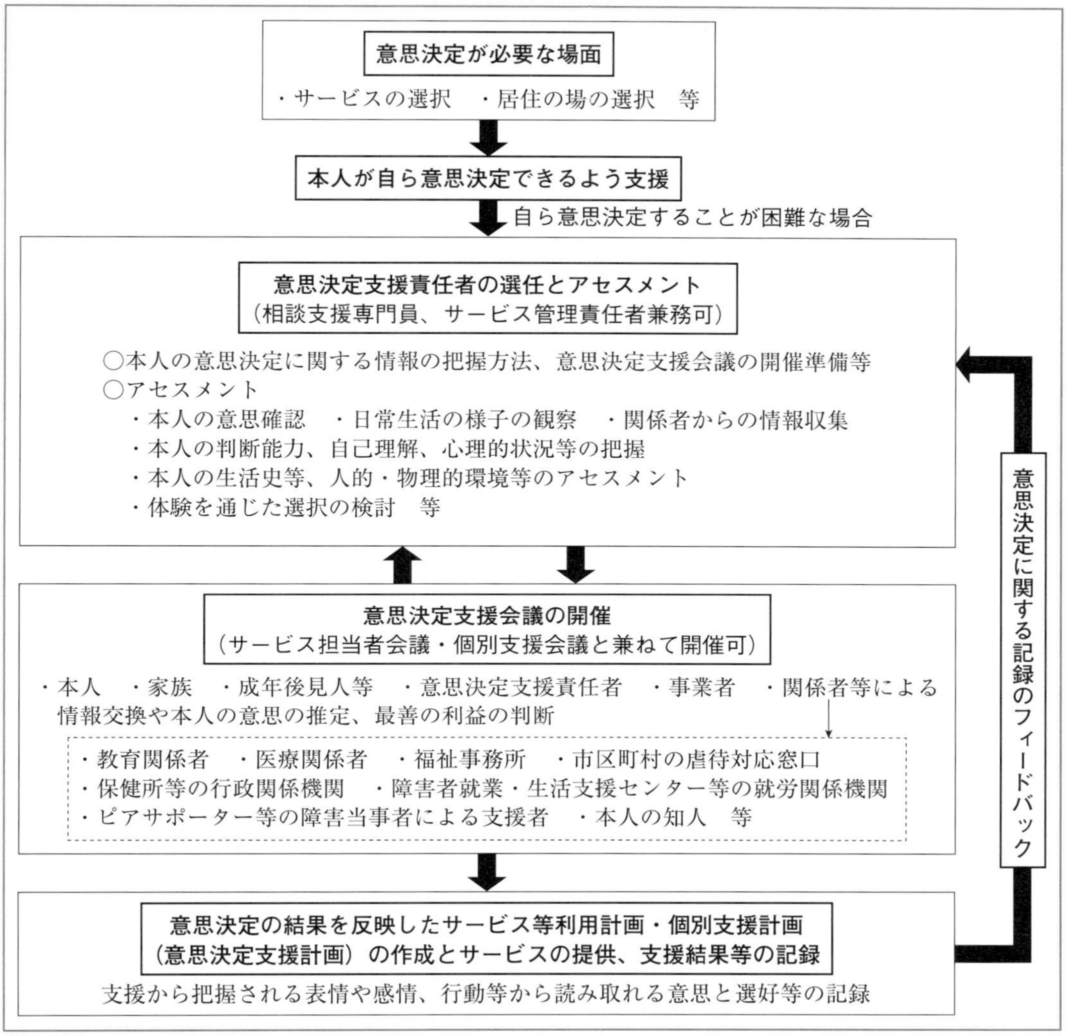

```
┌─────────────────────────────────────────────┐
│            意思決定が必要な場面              │
│       ・サービスの選択  ・居住の場の選択 等   │
└──────────────────┬──────────────────────────┘
                   ↓
        ┌──────────────────────────┐
        │ 本人が自ら意思決定できるよう支援 │
        └──────────────────────────┘
                   ↓ 自ら意思決定することが困難な場合
┌─────────────────────────────────────────────┐
│     意思決定支援責任者の選任とアセスメント     │
│    （相談支援専門員、サービス管理責任者兼務可）  │
├─────────────────────────────────────────────┤
│ ○本人の意思決定に関する情報の把握方法、意思決定支援会議の開催準備等 │
│ ○アセスメント                                 │
│   ・本人の意思確認 ・日常生活の様子の観察 ・関係者からの情報収集 │
│   ・本人の判断能力、自己理解、心理的状況等の把握 │
│   ・本人の生活史等、人的・物理的環境等のアセスメント │
│   ・体験を通じた選択の検討　等                 │
└─────────────────────────────────────────────┘
                   ↑↓
┌─────────────────────────────────────────────┐
│           意思決定支援会議の開催              │
│    （サービス担当者会議・個別支援会議と兼ねて開催可） │
├─────────────────────────────────────────────┤
│ ・本人 ・家族 ・成年後見人等 ・意思決定支援責任者 ・事業者 ・関係者等による │
│   情報交換や本人の意思の推定、最善の利益の判断  │
│  ┌─────────────────────────────────────────┐  │
│  │ ・教育関係者 ・医療関係者 ・福祉事務所 ・市区町村の虐待対応窓口 │  │
│  │ ・保健所等の行政関係機関 ・障害者就業・生活支援センター等の就労関係機関 │  │
│  │ ・ピアサポーター等の障害当事者による支援者 ・本人の知人　等 │  │
│  └─────────────────────────────────────────┘  │
└─────────────────────────────────────────────┘
                   ↓
┌─────────────────────────────────────────────┐
│  意思決定の結果を反映したサービス等利用計画・個別支援計画 │
│  （意思決定支援計画）の作成とサービスの提供、支援結果等の記録 │
├─────────────────────────────────────────────┤
│  支援から把握される表情や感情、行動等から読み取れる意思と選好等の記録 │
└─────────────────────────────────────────────┘
```
（右側縦書き：意思決定に関する記録のフィードバック）

意思決定支援の流れ

2 人生の最終段階における医療・ケアの決定プロセスに関するガイドライン

1 人生の最終段階における医療・ケアの在り方

① 医師等の医療従事者から適切な情報の提供と説明がなされ、それに基づいて医療・ケアを受ける本人が多専門職種の医療・介護従事者から構成される医療・ケアチームと十分な話し合いを行い、本人による意思決定を基本としたうえで、人生の最終段階における医療・ケアを進めることが最も重要な原則である。

　また、本人の意思は変化しうるものであることを踏まえ、本人が自らの意思をその都度示し、伝えられるような支援が医療・ケアチームにより行われ、本人との話し合いが繰り返し行われることが重要である。

　さらに、本人が自らの意思を伝えられない状態になる可能性があることから、家族等の信頼できる者も含めて、本人との話し合いが繰り返し行われることが重要である。この話し合いに先立ち、本人は特定の家族等を自らの意思を推定する者として前もって定めておくことも重要である。

② 人生の最終段階における医療・ケアについて、医療・ケア行為の開始・不開始、医療・ケア内容の変更、医療・ケア行為の中止等は、医療・ケアチームによって、医学的妥当性と適切性を基に慎重に判断すべきである。

③ 医療・ケアチームにより、可能な限り疼痛やその他の不快な症状を十分に緩和し、本人・家族等の精神的・社会的な援助も含めた総合的な医療・ケアを行うことが必要である。

④ 生命を短縮させる意図をもつ積極的安楽死は、本ガイドラインでは対象としない。

2 人生の最終段階における医療・ケアの方針の決定手続

人生の最終段階における医療・ケアの方針決定は次によるものとする。

(1) 本人の意思の確認ができる場合

① 方針の決定は、本人の状態に応じた専門的な医学的検討を経て、医師等の医療従事者から適切な情報の提供と説明がなされることが必要である。

　そのうえで、本人と医療・ケアチームとの合意形成に向けた十分な話し合いを踏まえた本人による意思決定を基本とし、多専門職種から構成される医療・ケアチームとして方針の決定を行う。

② 時間の経過、心身の状態の変化、医学的評価の変更等に応じて本人の意思が変化しうるものであることから、医療・ケアチームにより、適切な情報の提供と説明がなされ、本人が自らの意思をその都度示し、伝えることができるような支援が行われることが必要である。この際、本人が自らの意思を伝えられない状態になる可能性があることから、家族等も含めて話し合いが繰り返し行われることも必要である。

③ このプロセスにおいて話し合った内容は、その都度、文書にまとめておくものとす

る。

(2) 本人の意思の確認ができない場合
　　本人の意思確認ができない場合には、次のような手順により、医療・ケアチームの中で慎重な判断を行う必要がある。
　① 家族等が本人の意思を推定できる場合には、その推定意思を尊重し、本人にとっての最善の方針をとることを基本とする。
　② 家族等が本人の意思を推定できない場合には、本人にとって何が最善であるかについて、本人に代わる者として家族等と十分に話し合い、本人にとっての最善の方針をとることを基本とする。時間の経過、心身の状態の変化、医学的評価の変更等に応じて、このプロセスを繰り返し行う。
　③ 家族等がいない場合及び家族等が判断を医療・ケアチームに委ねる場合には、本人にとっての最善の方針をとることを基本とする。
　④ このプロセスにおいて話し合った内容は、その都度、文書にまとめておくものとする。

(3) 複数の専門家からなる話し合いの場の設置
　　上記(1)及び(2)の場合において、方針の決定に際し、
・医療・ケアチームの中で心身の状態等により医療・ケアの内容の決定が困難な場合
・本人と医療・ケアチームとの話し合いの中で、妥当で適切な医療・ケアの内容についての合意が得られない場合
・家族等の中で意見がまとまらない場合や、医療・ケアチームとの話し合いの中で、妥当で適切な医療・ケアの内容についての合意が得られない場合
等については、複数の専門家からなる話し合いの場を別途設置し、医療・ケアチーム以外の者を加えて、方針等についての検討及び助言を行うことが必要である。

③ 認知症の人の日常生活・社会生活における意思決定支援ガイドライン

I　はじめに

1　ガイドライン策定の背景

○　成年後見制度の利用の促進に関する法律を受け設置された成年後見制度利用促進委員会において、「障害者や認知症の人の特性に応じた適切な配慮を行うことができるよう、意思決定の支援の在り方についての指針の策定に向けた検討等が進められるべき」と指摘があり、成年後見制度利用促進委員会の議論を経て作成された成年後見制度利用促進基本計画において、「意思決定の支援の在り方についての指針の策定に向けた検討等が進められるべき」とされた。

○　これを受け、認知症の人の意思決定支援に関する指針策定のため平成27年度、平成28年度に実施した意思決定に関する研究（脚注ⅰ）を参考に、平成29年度の老人保健健康増進等事業において、認知症の人の意思決定支援に関する検討を行い、「認知症の人の日常生活・社会生活における意思決定支援ガイドライン」を策定した。

○　本ガイドラインは、日常生活や社会生活等において認知症の人の意思が適切に反映された生活が送れるよう、認知症の人の意思決定に関わる人が、認知症の人の意思をできるかぎり丁寧にくみ取るために、認知症の人の意思決定を支援する標準的なプロセスや留意点を記載したものである。（脚注ⅱ）

2　ガイドラインの趣旨

○　普段から、我々一人一人が自分で意思を形成し、それを表明でき、その意思が尊重され、日常生活・社会生活を決めていくことが重要であることは誰もが認識するところであるが、このことは、認知症の人についても同様である。

○　本ガイドラインは、認知症の人を支える周囲の人において行われる意思決定支援の基本的考え方（理念）や姿勢、方法、配慮すべき事柄等を整理して示し、これにより、

〈脚注ⅰ〉老人保健健康増進等事業としての、平成27年度「認知症の行動・心理症状（BPSD）等に対し認知症の人の意思決定能力や責任能力を踏まえた対応のあり方に関する調査研究事業」と、平成28年度「認知症の人の意思決定能力を踏まえた支援のあり方に関する研究事業」を指す。

〈脚注ⅱ〉本ガイドラインは、委員会・ワーキング委員会の委員、さらに委員の所属されている組織、認知症当事者の方などからのご意見とともに、国内施設の訪問調査、意思決定支援について知見を有する専門家などからの聞き取り、文献調査の結果のほか、イギリスの2005年意思決定能力法（The Mental Capacity Act 2005）、「障害者の権利、意思及び選好を尊重する」と定めた障害者の権利に関する条約（2014年2月19日批准）、障害福祉サービスの利用等にあたっての意思決定支援ガイドライン（平成29年3月31日・厚生労働省）等を参考にしている。また、医療等の分野では、人生の最終段階における医療の決定プロセスに関するガイドライン（平成19年5月・改訂平成30年3月・厚生労働省）がある。

認知症の人が、自らの意思に基づいた日常生活・社会生活を送れることを目指すものである。

Ⅱ 基本的考え方

1 誰の意思決定支援のためのガイドラインか
   ○ 認知症の人（認知症と診断された場合に限らず、認知機能の低下が疑われ、意思決定能力が不十分な人を含む。以下、「認知症の人」ないし「本人」という）を支援するガイドラインである。

2 誰による意思決定支援のガイドラインか
   ○ 特定の職種や特定の場面に限定されるものではなく、認知症の人の意思決定支援に関わる全ての人（以下、「意思決定支援者」という）による意思決定支援を行う際のガイドラインである。
   ○ その多くはケアを提供する専門職種や行政職員等であるが、これだけにとどまらず、家族、成年後見人（脚注ⅲ）、地域近隣において見守り活動を行う人、本人と接し本人をよく知る人などが考えられる。
   ○ ケアを提供する専門職種や行政職員の例として、医師、歯科医師、薬剤師、看護師、保健師、ケアマネジャー、認知症地域支援推進員、相談支援専門員、生活保護ケースワーカー、社会福祉士、精神保健福祉士、民生委員や医療機関、訪問看護ステーション、包括支援センター、認知症初期集中支援チーム、認知症疾患医療センター、介護サービス事業所、障害福祉サービス事業所、市町村などの職員などが考えられる。

3 意思決定支援とは何か（支援の定義）
   ○ 認知症の人であっても、その能力を最大限活かして、日常生活や社会生活に関して自らの意思に基づいた生活を送ることができるようにするために行う、意思決定支援者による本人支援をいう。（脚注ⅳ）
   ○ 本ガイドラインでいう意思決定支援とは、認知症の人の意思決定をプロセスとして支援するもので、通常、そのプロセスは、本人が意思を形成することの支援と、本人が意思を表明することの支援を中心とし、本人が意思を実現するための支援を含む。（脚注ⅴ）

〈脚注ⅲ〉ここにいう成年後見人には、法定後見人と任意後見人が含まれ、前者には、補助人や保佐人も含む。
〈脚注ⅳ〉本ガイドラインは、認知症の人の意思決定支援をすることの重要性にかんがみ、その際の基本的考え方等を示すもので、本人の意思決定能力が欠けている場合の、いわゆる「代理代行決定」のルールを示すものではない。今後、本ガイドラインによって認知症の人の意思決定を支援してもなお生ずる問題については、別途検討されるべきで、この点は本ガイドラインの限界と位置付けられる。
　本ガイドラインは、本人の意思決定支援のプロセスは、代理代行決定のプロセスとは異なるということを中心的な考えとして採用している。

Ⅲ 認知症の人の特性を踏まえた意思決定支援の基本原則

1 本人の意思の尊重
　○ 意思決定支援者は、認知症の人が、一見すると意思決定が困難と思われる場合であっても、意思決定しながら尊厳をもって暮らしていくことの重要性について認識することが必要である。
　○ 本人への支援は、本人の意思の尊重、つまり、自己決定の尊重に基づき行う。したがって、自己決定に必要な情報を、認知症の人が有する認知能力に応じて、理解できるように説明しなければならない。
　○ 意思決定支援は、本人の意思（意向・選好あるいは好み）（脚注ⅵ）の内容を支援者の視点で評価し、支援すべきだと判断した場合にだけ支援するのではなく、まずは、本人の表明した意思・選好、あるいは、その確認が難しい場合には推定意思・選好（脚注ⅶ）を確認し、それを尊重することから始まる。
　○ 認知症の人は、言語による意思表示が上手くできないことが多く想定されることから、意思決定支援者は、認知症の人の身振り手振り、表情の変化も意思表示として読み取る努力を最大限に行うことが求められる。
　○ 本人の示した意思は、それが他者を害する場合や、本人にとって見過ごすことのできない重大な影響が生ずる場合（脚注ⅷ）でない限り、尊重される。

2 本人の意思決定能力への配慮
　○ 認知症の症状にかかわらず、本人には意思があり、意思決定能力を有するということを前提にして、意思決定支援をする。
　○ 本人のその時々の意思決定能力の状況に応じて支援する。
　○ 本人の意思決定能力を固定的に考えずに、本人の保たれている認知能力等を向上させる働きかけを行う。（脚注ⅸ）
　○ 本人の意思決定能力は、説明の内容をどの程度理解しているか（理解する力）、またそれを自分のこととして認識しているか（認識する力）、論理的な判断ができるか（論

〈脚注ⅴ〉本人が意思を形成することの支援を意思形成支援、本人が意思を表明することの支援を意思表明支援、本人が意思を実現するための支援を意思実現支援と呼ぶこともできる。
〈脚注ⅵ〉本ガイドラインでは、「意思」という言葉で、意向、選好（好み）を表現することがある。
〈脚注ⅶ〉本人に意思決定能力が低下している場合に、本人の価値観、健康観や生活歴を踏まえて、もし本人に意思決定能力があるとすると、この状態を理解した本人が望むであろうところ、好むであろうところを、関係者で推定することを指す。
〈脚注ⅷ〉本人にとって見過ごすことのできない重大な影響が生ずる場合は、本人が他に取り得る選択肢と比較して明らかに本人にとって不利益な選択肢といえるか、一旦発生してしまえば、回復困難なほど重大な影響を生ずるといえるか、その発生の可能性に蓋然性があるか等の観点から慎重に検討される必要がある。その例としては、自宅での生活を続けることで本人が基本的な日常生活すら維持できない場合や、本人が現在有する財産の処分の結果、基本的な日常生活すら維持できないような場合を指す。

理的に考える力)、その意思を表明できるか(選択を表明できる力)によって構成されるとされる。これらの存否を判断する意思決定能力の評価判定と、本人の能力向上支援、さらに後述のプロセスに応じた意思決定支援活動は一体をなす。
- ○ 意思決定能力の評価判定は、本人の認知機能や身体及び精神の状態を適確に示すような情報と、本人の生活状況等に関する情報が適切に提供されることにより、十分な判断資料に基づく適切な判断が行われることが必要である。

3 チームによる早期からの継続的支援
- ○ 本人が自ら意思決定できる早期(認知症の軽度)の段階で、今後、本人の生活がどのようになっていくかの見通しを、本人や家族、関係者で話し合い、今後起こりうることについてあらかじめ決めておくなど、先を見通した意思決定の支援が繰り返し行われることが重要である。
- ○ 意思決定支援にあたっては、本人の意思を踏まえて、身近な信頼できる家族・親族、福祉・医療・地域近隣の関係者と成年後見人等がチームとなって日常的に見守り、本人の意思や状況を継続的に把握し必要な支援を行う体制(以下、「意思決定支援チーム」という)が必要である。
- ○ 特に、本人の意思決定能力に疑義があったり、本人の意思決定能力向上・支援方法に困難がある場合は、意思決定支援チームで情報を共有し、再度本人の意思決定支援の方法について話し合う。
- ○ 意思決定支援にあたっては、特に、日常生活で本人に接するなど本人を良く知る人から情報を収集し、本人を理解し、支援していくことが重要である。また、地域近隣で本人の見守りをしていただいている方など、日頃から本人とつながりがある方と関わることも重要である。
- ○ 意思決定支援に際して、本人の意思を繰り返し確認することが必要である。意思決定支援者は、本人の意思を理解したと判断しても、その過程や判断が適切であったかどうかを確認し、支援の質の向上を図ることが必要である。

〈脚注ix〉本人の意思決定能力についての注意事項を掲げる。
(1)本人の意思決定能力は行為内容により相対的に判断される。日常生活・社会生活の意思決定の場面は多岐にわたり、選択の結果が軽微なものから、本人にとって見過ごすことのできない重大な影響が生ずるものまである。
(2)意思決定能力は、あるかないかという二者択一的ではなく(連続量)、段階的・漸次的に低減・喪失されていく。
(3)意思決定能力は、認知症の状態だけではなく、社会心理的・環境的・医学身体的・精神的・神経学的状態によって変化するので、より認知症の人が決めることができるように、残存能力への配慮が必要となる。

なお、本人の意思決定能力は本人の個別能力だけではなく、意思決定支援者の支援力によって変化することに注意すべきである。

- 本人のその後の生活に影響を与えるような意思決定支援を行った場合には、その都度、記録を残しておくことが必要である。

Ⅳ 意思決定支援のプロセス

1 意思決定支援の人的・物的環境の整備
- 意思決定支援は、意思決定支援者の態度や意思決定支援者との信頼関係、立ち会う人（脚注x）との関係性や環境による影響を受けることから、意思決定支援に当たっては、以下に留意する。

(1) 意思決定支援者の態度
- 意思決定支援者は、本人の意思を尊重する態度で接していることが必要である。
- 意思決定支援者は、本人が自らの意思を表明しやすいよう、本人が安心できるような態度で接することが必要である。
- 意思決定支援者は、本人のこれまでの生活史を家族関係も含めて理解することが必要である。
- 意思決定支援者は、支援の際は、丁寧に本人の意思を都度確認する。

(2) 意思決定支援者との信頼関係と立ち会う人との関係性への配慮
- 意思決定支援者は、本人が意思決定を行う際に、本人との信頼関係に配慮する。意思決定支援者と本人との信頼関係が構築されている場合、本人が安心して自らの意思を表明しやすくなる。
- 本人は、意思決定の内容によっては、立ち会う人との関係性から、遠慮などにより、自らの意思を十分に表明ができない場合もある。必要な場合は、一旦本人と意思決定支援者との間で本人の意思を確認するなどの配慮が必要である。

(3) 意思決定支援と環境
- 初めての場所や慣れない場所では、本人は緊張したり混乱するなど、本人の意思を十分に表明できない場合があることから、なるべく本人が慣れた場所で意思決定支援を行うことが望ましい。
- 初めての場所や慣れない場所で意思決定支援を行う場合には、意思決定支援者は、本人ができる限り安心できる環境となるように配慮するとともに、本人の状況を見ながら、いつも以上に時間をかけた意思決定支援を行うなどの配慮が必要である。
- 本人を大勢で囲むと、本人は圧倒されてしまい、安心して意思決定ができなくなる場合があることに注意すべきである。
- 時期についても急がせないようにする、集中できる時間帯を選ぶ、疲れている時を避けるなどに注意すべきである。
- 専門職種や行政職員等は、意思決定支援が適切になされたかどうかを確認・検証するために、支援の時に用いた情報を含め、プロセスを記録し、振り返ることが必要で

〈脚注x〉立ち会う人とは、例えば金融機関の窓口の職員や不動産等の売買契約の相手など意思決定の相手となるような人であり、意思決定支援者とは異なる人である。

ある。

2 適切な意思決定プロセスの確保
○ 意思決定支援者は、意思決定を支援する際には、本人の意思決定能力を適切に評価しながら、以下の適切なプロセスを踏むことが重要である。
(1) 本人が意思を形成することの支援（意思形成支援）
○ まずは、以下の点を確認する。
・本人が意思を形成するのに必要な情報が説明されているか。
・本人が理解できるよう、分かりやすい言葉や文字にして、ゆっくりと説明されているか。
・本人が理解している事実認識に誤りがないか。
・本人が自発的に意思を形成するに障害となる環境等はないか。
○ 認知症の人は説明された内容を忘れてしまうこともあり、その都度、丁寧に説明することが必要である。
○ 本人が何を望むかを、開かれた質問で聞くことが重要である。（脚注xi）
○ 選択肢を示す場合には、可能な限り複数の選択肢を示し、比較のポイントや重要なポイントが何かをわかりやすく示したり、話して説明するだけではなく、文字にして確認できるようにしたり、図や表を使って示すことが有効な場合がある。（脚注xii）
○ 本人が理解しているという反応をしていても、実際は理解できていない場合もあるため、本人の様子を見ながらよく確認することが必要である。
(2) 本人が意思を表明することの支援（意思表明支援）
○ 本人の意思を表明しにくくする要因はないか。その際には、上述したように、意思決定支援者の態度、人的・物的環境の整備に配慮が必要である。
○ 本人と時間をかけてコミュニケーションを取ることが重要であり、決断を迫るあまり、本人を焦らせるようなことは避けなければならない。
○ 複雑な意思決定を行う場合には、意思決定支援者が、重要なポイントを整理してわかりやすく選択肢を提示するなどが有効である。
○ 本人の示した意思は、時間の経過や本人が置かれた状況等によって変わり得るので、最初に示された意思に縛られることなく、適宜その意思を確認することが必要である。
○ 重要な意思決定の際には、表明した意思を、可能であれば時間をおいて確認する、複数の意思決定支援者で確認するなどの工夫が適切である。
○ 本人の表明した意思が、本人の信条や生活歴や価値観等から見て整合性がとれない場合や、表明した意思に迷いがあると考えられる場合等は、本人の意思を形成するプ

〈脚注xi〉開かれた質問とは、例えば、「外出しますか」という質問ではなく、「今どんなことをしたいですか」というものなどをいう。
〈脚注xii〉その他、音、写真、動画、絵カードやアプリケーションを示すことも考えられる。

ロセスを振り返り、改めて適切なプロセスにより、本人の意思を確認することが重要である。

(3) 本人が意思を実現するための支援（意思実現支援）

○ 自発的に形成され、表明された本人の意思を、本人の能力を最大限活用した上で、日常生活・社会生活に反映させる。

○ 自発的に形成され、表明された本人の意思を、意思決定支援チームが、多職種で協働して、利用可能な社会資源等を用いて、日常生活・社会生活のあり方に反映させる。

○ 実現を支援するにあたっては、他者を害する場合や本人にとって見過ごすことのできない重大な影響が生ずる場合でない限り、形成・表明された意思が、他から見て合理的かどうかを問うものではない。

○ 本人が実際の経験をする（例えば、ショートステイ体験利用）と、本人の意思が変更することがあることから、本人にとって無理のない経験を提案することも有効な場合がある。

3　意思決定支援プロセスにおける家族

(1) 家族も本人の意思決定支援者であること

○ 同居しているかどうかを問わず、本人の意思決定支援をする上で、本人を良く知る家族は本人を理解するために欠かすことはできない。したがって、本人をよく知る家族が意思決定支援チームの一員となっていただくことが望ましい。

○ 家族も、本人が自発的に意思を形成・表明できるように接し、その意思を尊重する姿勢を持つことが重要である。

○ 一方で、家族は、本人の意思に向き合いながら、どうしたらよいか悩んだり、場合によっては、その本人の意思と家族の意思が対立する場合もある。こうした場合、意思決定支援者（この場合は、主として専門職種や行政職員等）は、その家族としての悩みや対立の理由・原因を確認した上で、提供可能な社会資源等について調査検討し、そのような資源を提供しても、本人の意思を尊重することができないかを検討する。

(2) 家族への支援

○ 本人と意見が分かれたり、本人が過去に表明した見解について家族が異なって記憶していたり、社会資源等を受け入れる必要性の判断について見解が異なることがあるが、意思決定支援者（主として専門職種や行政職員等）は、家族に対して、本人の意思決定を支援するのに必要な情報を丁寧に説明したり、家族が不安を抱かないように支援をすることが必要である。

4　日常生活や社会生活における意思決定支援

○ 日常生活の意思決定支援としては、例えば、食事・入浴・被服の好み、外出、排せつ、整容などの基本的生活習慣や、日常提供されたプログラムへの参加を決める場合等が挙げられるが、これらに限るものではない。

○　日常生活については、これまで本人が過ごしてきた生活が確保されることを尊重することが原則になる。
○　本人の意思や好みを理解するためには、意思決定支援チームで、本人の情報を集め、共有することが必要である。
○　社会生活の意思決定支援としては、自宅からグループホームや施設等に住まいの場を移動する場合（その逆やその間も）や、一人暮らしを選ぶかどうか、どのようなケアサービスを選ぶか、更には自己の財産を処分する等が想定されるが、これらに限るものではない。
○　本人の示した意思を日常・社会生活に反映した場合に、本人にとって見過ごすことのできない重大な影響が生ずる場合は、意思決定支援チームで話し合うことが必要である。この場合も、再度、適切な意思決定支援のプロセスを踏まえて、本人の意思決定支援の方法について話し合う。その際には、それぞれの専門性を通じて、本人の認知機能や身体及び精神の状態を適確に示す医療に関する情報、本人の生活状況等に関する情報が適切に提供された上、十分な判断資料を得た上で判断が行われるようにすることが必要である。その際のプロセスで話し合った内容は、その都度、記録として残すことが必要である。

5　意思決定支援チームと会議（話し合い）
○　本人の意思決定能力の判定や、支援方法に困難や疑問を感じ、また、本人の意思を日常・社会生活に反映した場合に、他者を害する恐れがあったり、本人にとって見過ごすことのできない重大な影響が生ずる場合には、チームで情報を共有し、共同して考える。この場合も、再度、適切な意思決定支援のプロセスを踏まえて、本人の意思決定支援の方法について話し合う（意思決定支援チームのメンバーを中心として開かれる話し合いを「意思決定支援会議」という）。
○　意思決定支援会議では、意思決定支援の参考となる情報や記録が十分に収集されているのか、意思決定能力を踏まえた適切な支援がなされているのか、参加者の構成は適切かどうかなど、意思決定支援のプロセスを適切に踏まえているかを確認することが必要である。
○　意思決定支援会議は、地域ケア会議、サービス担当者会議等と兼ねることは可能である。
○　意思決定支援会議では、原則として、本人の参加が望ましい。もっとも、認知症の人は、周囲の雰囲気をつかむのが苦手で、知らない大勢に囲まれるとかえって意見を出せなくなる場合があることに配慮しなければならない。また、意思決定支援者は、本ガイドラインの内容を理解した上で会議に参加することが重要である。
○　意思決定支援会議の開催は、意思決定支援チームのだれからも提案できるようにし、会議では、情報を共有した上で、多職種のそれぞれの見方を尊重し、根拠を明確にしながら運営することが必要である。その際の話し合った内容は、その都度文書として

残すことが必要である。専門職種や行政職員等は、適切な意思決定プロセスを踏まえた支援を提供するとともに、提供の過程や結果をモニタリング・記録し、評価を適切に行い、質の向上につなげる役割がある。

○　本人の意思は変更することもあるので、意思決定支援チームでの事後の振り返り（例えば、本人が経験をしてみて、意思が変わる場合がある）や、意思を複数回確認することが求められる。

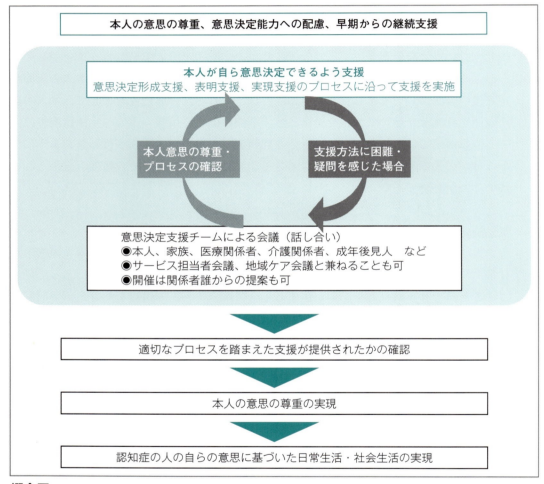

概念図

日常生活・社会生活等における意思決定支援のプロセス

人的・物的環境の整備
◎意思決定支援者の態度
　（本人意思の尊重、安心感ある丁寧な態度、家族関係・生活史の理解　など）
◎意思決定支援者との信頼関係、立ち会う者との関係性への配慮
　（本人との信頼関係の構築、本人の心情、遠慮などへの心配り　など）
◎意思決定支援と環境
　（緊張・混乱の排除、時間的ゆとりの確保　など）

↓

意思形成支援：適切な情報、認識、環境の下で意思が形成されることへの支援

[ポイント、注意点]
● 本人の意思形成の基礎となる条件の確認（情報、認識、環境）
● 必要に応じた都度、繰り返しの説明、比較・要点の説明、図や表を用いた説明
● 本人の正しい理解、判断となっているかの確認

意思表明支援：形成された意思を適切に表明・表出することへの支援

[ポイント、注意点]
● 意思表明場面における環境の確認・配慮
● 表明の時期、タイミングの考慮（最初の表明に縛られない適宜の確認）
● 表明内容の時間差、また、複数人での確認
● 本人の信条、生活歴・価値観等の周辺情報との整合性の確認

意思実現支援：本人の意思を日常生活・社会生活に反映することへの支援

[ポイント、注意点]
● 意思実現にあたって、本人の能力を最大限に活かすことへの配慮
● チーム（多職種協働）による支援、社会資源の利用等、様々な手段を検討・活用
● 形成・表明された意思の客観的合理性に関する慎重な検討と配慮

各プロセスで困難・疑問が生じた場合は、チームでの会議も併用・活用

↓

意思決定支援のプロセスの記録、確認、振り返り

具体的なプロセス

V　認知症への理解とガイドラインの普及と改訂

○　本ガイドラインが普及する前提として、意思決定支援者となる誰もが、認知症についての正しい知識を持ち、認知症の人に関する理解を深める必要がある。国は、認知症に関する啓発及び知識の普及に努めることが必要である。

○　本ガイドラインを広く意思決定支援者に普及させるためには、知識の伝達だけではなく、本ガイドラインを具体的な場面でどのように使うのかを中心とした、事例を使っての研修が必要である。

○　認知症の人の意思決定支援に関する取り組みの蓄積を踏まえ、本ガイドラインの内容も定期的に見直していくことが必要である。

編著者一覧

● 編著者

名川 勝（ながわ まさる） ……………………………………………………… 序章、第1章
　筑波大学人間総合科学研究科障害科学専攻　講師
　特定非営利活動法人 PAC ガーディアンズ　理事長
　一般社団法人日本意思決定支援ネットワーク（SDM-Japan）　代表理事

水島俊彦（みずしま としひこ） ……………………………………… 第2章、第3章、第4章
　法テラス埼玉法律事務所　常勤弁護士
　成年後見制度利用促進専門家会議委員

菊本圭一（きくもと けいいち） …………………………………………………………… 第5章
　特定非営利活動法人日本相談支援専門員協会　代表理事

● 編集協力

日本相談支援専門員協会（にほんそうだんしえんせんもんいんきょうかい）

● Case 執筆者（五十音順）

猪鼻紗都子（いのはな さとこ）
　川越市地域包括支援センターかすみ　主任介護支援専門員

潤 俊司（うるい しゅんじ）
　指定相談支援事業所星の園　相談支援専門員

菊本圭一（きくもと けいいち）
　社会福祉法人鶴ヶ島市社会福祉協議会　事務局次長

髙谷 昇（たかや のぼる）
　たかや社会福祉士事務所　代表

田中慎治（たなか しんじ）
　社会福祉法人希望の家　事業統括管理者

中 恵美（なか えみ）
　金沢市地域包括支援センターとびうめ　センター長／社会福祉士

宮野直樹（みやの なおき）
　特定非営利活動法人らいと　相談支援専門員

事例で学ぶ
福祉専門職のための
意思決定支援ガイドブック

2019年12月20日　初版発行
2021年8月10日　初版第2刷発行

編　　著	名川勝・水島俊彦・菊本圭一
編集協力	日本相談支援専門員協会
発行者	荘村明彦
発行所	中央法規出版株式会社
	〒110-0016　東京都台東区台東 3-29-1　中央法規ビル
	営　　業　　　：Tel 03 (3834) 5817　Fax 03 (3837) 8037
	取次・書店担当：Tel 03 (3834) 5815　Fax 03 (3837) 8035
	https://www.chuohoki.co.jp/

印刷所	株式会社太洋社
装幀・本文デザイン	株式会社ジャパンマテリアル

定価はカバーに表示してあります。
ISBN 978-4-8058-5969-8

本書のコピー、スキャン、デジタル化等の無断複製は、著作権法上での例外を除き禁じられています。また、本書を代行業者等の第三者に依頼してコピー、スキャン、デジタル化することは、たとえ個人や家庭内での利用であっても著作権法違反です。
落丁本・乱丁本はお取替えいたします。
本書の内容に関するご質問については、下記 URL から「お問い合わせフォーム」にご入力いただきますようお願いいたします。
https://www.chuohoki.co.jp/contact/